Björn und Mirja Wagner
WUNDERKINDER

Björn und Mirja Wagner

Wunderkinder

Wie wir doch noch eine Familie wurden

francke

Über die Autoren

Mirja Wagner ist Buchhändlerin und freie Lektorin. In ihrer Freizeit näht sie gerne aus alten Stoffen neue Kleider oder geht mit einem Hörbuch auf den Ohren im Wald joggen. Sie versucht Gott im Kleinen zu finden und Familienleben nach seinen Ideen zu gestalten.

Björn Wagner ist begeistert. Von seiner Familie, Jugendlichen, Theologie und Kaffee. Er unterscheidet selten zwischen Freizeit und Arbeitszeit, und das äußert sich im Übersetzen von Büchern und vielen anderen Aktivitäten wie z. B. der Mitarbeit bei Novavox.

Bibliografische Information Der Deutschen Bibliothek
Die Deutsche Bibliothek verzeichnet diese Publikation
in der Deutschen Nationalbibliografie;
detaillierte bibliografische Daten sind im Internet über
http://dnb.ddb.de abrufbar.

ISBN 978-3-86827-309-0

35037 Marburg an der Lahn
Umschlagbild: © istockphoto.com / Troels Graugaard
Umschlaggestaltung: Verlag der
Francke-Buchhandlung GmbH / Sven Gerhardt
Satz: Verlag der Francke-Buchhandlung GmbH
Druck und Bindung: CPI Moravia Books, Korneuburg

www.francke-buch.de

Für unsere Wunderkinder

Emilia

&

Mattis Emilio

Sie sind so jung, so vor allem Anfang, und ich möchte Sie, so gut ich es kann, bitten […] Geduld zu haben gegen alles Ungelöste in Ihrem Herzen und zu versuchen, die Fragen selbst liebzuhaben wie verschlossene Stuben und wie Bücher, die in einer sehr fremden Sprache geschrieben sind. Forschen Sie jetzt nicht nach den Antworten, die Ihnen nicht gegeben werden können, weil Sie sie nicht leben könnten. Und es handelt sich darum, alles zu leben. Leben Sie jetzt die Fragen. Vielleicht leben Sie dann allmählich, ohne es zu merken, eines fernen Tages in die Antwort hinein.

Rainer Maria Rilke

Eines aber wissen wir: Alles trägt zum Besten derer bei, die Gott lieben.

Römer 8,28

Vorwort

Unsere Geschichte hat uns viele Fragen aufgegeben. Fragen nach der Güte Gottes, nach unserem Weg, nach der Zukunft. Auf manche davon haben wir eine Antwort gefunden, andere sind offen geblieben. Wir wollen Sie einladen, an unseren Fragen, Kämpfen und Antworten teilzuhaben und mitzuerleben, wie wir hineingelebt sind in unsere Antworten. Das Zitat aus dem Römerbrief hat uns immer wieder Fragen aufgegeben – wie kann alles zum Besten dienen? Gibt es so etwas überhaupt, dass alles und wirklich alles zum Besten beitragen kann? Und was ist das Beste überhaupt? Wir können diese Fragen nicht beantworten, aber lernen sie zu lieben, mit dem Ungelösten Geduld zu haben und die Fragen zu leben.

1

Der Entschluss – Und dann sind wir eine glückliche Familie

Mai 2006 in der Toskana

Björn

Der kleine grüne Polo fährt den weichen grünen Hügeln entgegen – Toskana, wir kommen. Diese Pfingstferien sind wirklich längst überfällig. Urlaub liegt nicht nur in der Luft, er ist zum Greifen nah – die Strecke wird immer schöner, zuerst die Schweiz mit ihren Gipfeln, dann Italien, das vor uns liegt wie eine einzige Möglichkeit – und Namen wie „Mailand", „Parma" und zum Schluss „Florenz" kreieren Bilder von Schönheit, Geschichte und wunderbarem Essen. Die Ferienwohnung liegt auf einem der Hügel, mit Terrasse und Garten. Ruhe umgibt uns, der Schotter des Hofs knirscht unter unseren Schuhen, die abendliche Wärme empfängt uns, als wir aussteigen – endlich da. Das Zirpen von Grillen, ein majestätischer Sonnenuntergang und eine fertige Lasagne in unserem Ofen, zubereitet von unserer Vermieterin, lassen uns sofort ankommen. Der Himmel färbt sich dunkelrot und dann tiefblau, nachtblau, Sterne erscheinen und wir halten uns an den Händen und genießen den Moment.

Mirja

Ich packe unsere Koffer aus und hänge die Sachen in den alten Kleiderschrank, in dem die nette Hauswirtin überall Lavendelsträuße verteilt hat. Endlich Urlaub, alle Erfahrungen der letzten Zeit, schwere Wochen voller Hoffen, Bangen und Verlieren, hinter uns lassen. Ich will nur noch vergessen und im Moment leben, mag nicht an morgen denken. Es macht mir Angst.

Wie gut so ein Urlaub da tut. Wir genießen jeden einzelnen Tag, das leckere italienische Essen, die Sonne, die Städte. Irgendwie hilft uns diese Auszeit, eine neue Perspektive für unser Leben zu finden. Der Alltag ist weit weg und alles scheint wieder möglich zu sein. Wir finden Zeit, uns Gedanken zu machen, Pläne zu schmieden, aber auch über die Erlebnisse der Vergangenheit zu sprechen.

Björn

Und welche Landschaft könnte sich besser dafür eignen als die Toskana? Wir haben schon einmal auf diesem Anwesen Urlaub gemacht. Der Duft der Kräuter unter dem Fenster weckt herrliche Erinnerungen. Nach all den Erfahrungen der letzten Monate ist unser Bedürfnis nach Urlaub und Erholung nie größer gewesen. Die Sterne des ersten Abends über uns, der Himmel ausgebreitet wie eine unendliche Decke, die Silhouette der sanften Hügel vor uns und das Gezirpe der Grillen bringen uns zum Weinen, Hoffen, Denken.

Von all den Erlebnissen bleibt mir eine Erinnerung an diesen Urlaub besonders im Gedächtnis haften, vielleicht, weil sich unser Leben darin widerspiegelt – bis heute: Die Wanderung.

Wir wollen eine kleine Wanderung durch die Hügel machen, nicht weit von unserem Haus entfernt. Vorsichtig wie wir sind, haben wir uns in der örtlichen Touristen-Information eine kleine Karte und eine Übersicht über die Wanderwege geholt. Nicht zu lange wollen wir durch die sanften Hügel gehen, vielleicht ein oder zwei Stunden. 5,7 Kilometer – das sieht doch gut aus. Also fahren wir an den wunderbar beschriebenen Anfangspunkt und wandern los, immer den Schildern nach.

Und wirklich, es hat etwas Besonderes, die Toskana weitab von Autostraßen zu entdecken. Wald, Flüsschen, Sonne, Felder, wieder Wald. Moment mal – wir sind doch den Schildern gefolgt, oder? Warum laufen wir dann immer noch? Nach fast drei Stunden sind wir uns sicher: Diese Wanderung wird länger dauern. Der Weg verschwindet plötzlich und wir stehen etwas verdattert auf einem der Hügel. Puh – guter Rat ist jetzt teuer. Wir tappen weiter, biegen in den nächsten Feldweg ein, der in die richtige Richtung führen könnte. Dann doch wieder ein Schild. Glück gehabt! Wir machen Rast im Schatten. Mit Abenteuerlust im Herzen gehen wir weiter, immer den Berg hinauf, und kommen zu dem Dorf, zu dem wir gehen wollten. Leider ist hier außer der schönen Aussicht nichts wirklich schön. Sei's drum, wir drehen um, schließlich haben wir unser Auto am Startpunkt stehen lassen. Zur Sicherheit gehen wir der Straße nach, nur um festzustellen, dass diese Straße an einem Privatgelände endet. Unser Blick fällt auf die deutliche Warnung, hier besser nicht einzutreten. Wir gehen einen ausgetrockneten Schlammpfad entlang und versuchen wieder einmal die Orientierung zu gewinnen. Erfolglos. Ganz unten im Tal verliert sich der Weg in einem Sumpfgebiet. Wir haben keine andere Wahl, als durch diesen Morast zu waten, und dann steht da – mitten im Wasser – plötzlich ein weiteres Schild, das zum Startpunkt weist. Warum man es Wanderern so schwer macht, weiß ich nicht, nur langsam verlieren wir die Geduld. Immerhin sind wir jetzt schon fünf Stunden unterwegs und unsere Füße schmerzen. Aus dem Morast beginnen wir den Anstieg auf den Berg, hinter dem unser Auto stehen müsste. Plötzlich zerreißt ohrenbetäubender Lärm die friedliche Stille des Waldwegs, auf dem wir stehen: Eine Rennfahrergruppe auf ihren Cross-Motorrädern zieht an uns vorbei. Sie sind genauso erstaunt wie wir, uns auf ihrer Rennstrecke zu finden. Wir vermeiden Kollisionen und steigen weiter den Berg hinauf. Sechs Stunden – ich bin platt, Mirja ist platt – wir wollen nur noch nach Hause. Die Schilder scheinen jetzt hämisch zu grinsen und die Italiener, die uns begegnen, lachen uns aus. Das Wasser geht auch langsam zur Neige. Wir kommen an der Straße an, nur um festzustellen, dass wir jetzt auch noch weitere 3 Kilometer zu unserem Auto vor uns haben. Irgendwie schaffen wir auch diese noch.

Als wir dann hungrig, durstig und dennoch irgendwie glücklich zu Hause ankommen und unsere Schuhe betrachten, finden wir darin die Spuren unserer Reise. Wir hatten uns doch alles so anders vorgestellt: ein netter Spaziergang, ein paar Kilometer, nette Aussicht genießen. Wie hätten wir ahnen sollen, dass unser Weg länger sein würde? 22 Kilometer, so haben wir später festgestellt, sind wir durch die brennende Sonne, morastige Sumpflandschaften und die schönen, aber steilen Hügel gewandert. Wie oft hatten wir gehofft, bald angekommen zu sein?

Am Abend, in unserer schönen Wohnung, haben wir geduscht, gelacht und Witze gemacht – dabei sollte unser Weg bis zu unserem ersten Kind ähnlich unerwartet schwer, lang und anstrengend werden wie unsere Wanderung. Und die hinter uns liegenden Wochen, die Wochen, die wir nun zu vergessen versuchten, hatten bereits eine Ahnung davon anklingen lassen.

Rückblick

Mirja

Ich dachte immer, eine Familie zu gründen sei das Natürlichste und Einfachste auf der Welt. Man heiratet, wird schwanger und bekommt seine zwei bis drei Kinder. Dies natürlich in dem Zeitplan, den man vorher selbst festgelegt hat. Als ich sechzehn war, glaubte ich noch, dass ich, genau wie meine Mutter, mit zwanzig oder einundzwanzig selbst Mutter sein würde. Mit einundzwanzig schaute ich in den Spiegel und musste feststellen, dass ich mich selbst noch wie ein Kind fühlte. Das änderte sich auch in den nächsten Jahren nicht. Ich fühlte mich zu jung, wollte noch studieren, arbeiten, an meinem Leben basteln – wie so viele in meinem Umfeld. Familiengründung ist dank Medizin und Forschung planbar geworden. Ich bildete da keine Ausnahme. Und doch gab mir jede Freundin in meinem Umfeld, die schwanger wurde, einen Stich ins Herz. Ich konnte mich nicht mit ihnen freuen. Eigentlich wollte ich auch ein Kind, doch gleichzeitig traute ich mich nicht, diesen Schritt zu gehen.

Silvester 2005 besuchten uns liebe Freunde und verkündeten uns voller Stolz, dass auch sie bald Eltern würden. Natürlich, die auch. War ja klar. Wieder einmal nagte dieses Gefühl in mir. Ich will auch, aber ich habe Angst. Das war für mich, etwas später als für Björn, der Punkt, an dem ich beschloss, dass ich nun bereit war. Worauf wollte ich noch warten? Auf den perfekten Zeitpunkt? Gibt es den überhaupt? Vor meinem geistigen Auge war damit alles klar: Innerhalb der nächsten Monate plante ich schwanger zu werden und damit würde dann alles seinen Gang gehen.

Björn

Für mich kam der Wunsch nach einer Familie, die Sicherheit, schon einige Monate früher, auf einer Urlaubsreise nach Israel im Sommer 2005:

Der Frankfurter Flughafen steht nie still. Gefühlte sechs Stunden vor dem normalen Aufstehen schließen wir unser Auto ab und machen uns auf den Weg. Wenn man vom Parkdeck aus zum Abflugterminal läuft, dann wird das anfänglich tröpfelnde Häufchen Leute erst zur Menge, dann zur Masse. Heute ist er, der große Tag, auf den wir lange gewartet haben: Wir fliegen. Gemeinsam. Nach Israel. Neben dem Land und all den Stätten, von denen wir bisher nur gehört, sie aber noch nicht erlebt haben, ist ein Besuch bei Freunden das Spannendste auf dieser Reise. Mein Handy klingelt: „Wo seid ihr? Seid ihr schon am Terminal?" Mirjas Eltern, unsere erfahrenen Israel-Reiseführer, haben Reisefieber. Wir noch mehr. Wir bahnen uns unseren Weg zum Schalter. Warten. Einchecken. Warten. Meine innere Spannung steigt. Warum eigentlich? Ich fliege nicht zum ersten Mal, und doch ist das, was für andere normal ist, für mich eine Besonderheit. Ich glaube, in einem Flugzeug bin ich mir meiner eigenen Endlichkeit bewusster. Der Kabinenboden unter mir gaukelt mir eine Sicherheit und Festigkeit vor, die es nicht mehr gibt, sobald das Flugzeug in der Luft ist. Unter diesem so unschuldig daliegenden Teppich liegt der freie Fall, also eigentlich nichts. Das Flugzeug nimmt seine Startposition ein. „Die meisten Flugzeugunglücke gibt es beim Start oder bei der Landung", fällt mir eine jetzt nicht gerade hilfreiche Statistik ein. Donnernde Triebwerke. Wir heben ab. Das Einzige, was fällt, ist mein Magen und ich kaue heftig auf dem Kaugummi herum. Und dann ein Schönwetter-ah-und-oh-Flug. Die Alpen, Griechenland, das Mittelmeer, die Türkei – es gibt sogar einen Bordfilm (lustig, aber nicht eben anspruchsvoll).

Unser Landeanflug beginnt über dem Meer. Ich sehe noch keinen Meter Land, und trotzdem hat der Pilot das Anschnallzeichen eingeschaltet. Na klar. Tel Aviv liegt an der Küste. Trotzdem fühlt sich so ein Sinkflug über dem Meer seltsam an. Endlich – ein Strich am Horizont. Natürlich kommt da Tel Aviv. Und jetzt die Landung. Geschafft. War doch ganz einfach. Alles gut gegangen. Wer hat denn da Angst gehabt?

Bei unseren einheimischen Freunden erleben wir israelische Gastfreundschaft pur. Essen bis zum Platzen und immer mehrere Generationen an einem Tisch. Uroma schaukelt den jüngsten Urenkel auf den Knien, während die Enkel mit der Tochter das Essen vorbereiten. Das ist eine neue Erfahrung. Anlässlich des deutschen Besuchs feiern wir gemeinsam mit vier Generationen zusammen Shabbat. Der älteste Sohn rezitiert die Shabbat-Liturgie, seine Frau souffliert dem von der Arbeit müden Vorbeter, wenn er unsicher wird. Der Wein geht herum, vom ältesten zum jüngsten Mann, der in diesem Fall noch im Hochstuhl sitzt. Der Kleine darf nippen. Der Wein ist klebrig süß, aber nicht unpassend für diesen Anlass. Später, als wir versuchen, uns freundlich gegen gefühlte zwölf Gänge israelischen Festessens zu wehren, fragt die Uroma etwas erstaunt: „Wo sind denn eure Kinder?“ Wir schauen uns verblüfft an. Sie fragt nicht: „Habt ihr denn schon Kinder?“, sondern geht fest davon aus, dass wir eine Familie haben. Ihr Blick ist durchdringend, fast schon fordernd. „Wir haben noch keine Kinder!“, gebe ich ehrlicherweise mit leicht geröteten Wangen zu. „Keine Kinder?“ Ihr Blick wird etwas weicher, fast schon mitfühlend. Offensichtlich schließt sie daraus, dass es bei uns ungewollt noch nicht geklappt hat. Ihre einfache Lösung für unser Problem: „Na, dann versucht es doch mal hier, im Heiligen Land!“

Die Aufforderung (oder war es ein Befehl?) der israelischen Uroma lässt mich nicht kalt. Ich fühle mich bereit für Kinder, will nicht mehr nur darüber nachdenken, sondern diesen Abschnitt unseres gemeinsamen Lebens beginnen. Wann trifft man eine Entscheidung dafür, eine Familie zu gründen? Wann weiß man, dass man Kinder haben möchte? Meine ist dort gefallen, zwischen Sabras (Kaktusfeigen = Kosename für die Israelis) und inmitten einer Shabbatfeier im nicht ganz so Heiligen Land. Die übrigen Tage dieses Urlaubs gehen viel zu schnell vorbei, fast wie im Rausch.

Ich erinnere mich an volles Leben, ungehindert und mit wenig Verantwortung. Einmal besuchen wir einen Wasserfall nördlich des Sees Genezareth und begegnen dort einer Familie orthodoxer Juden. Offensichtlich sind auch das mehrere Generationen, zumindest gibt es viele, viele, viele Kinder. Und wenn ich es recht gesehen habe, dann sind Mutter (evtl. ist es sogar die Großmutter, denn es gibt wirklich sehr viele kleine Kinder) und Töchter parallel schwanger. Wir stellen nachher fest, dass diese Großfamilie mit drei Fahrzeugen angereist ist: einem PKW, einem Kleinbus und einem Mini-Reisebus. So viele Kinder müssten es bei uns nicht unbedingt sein, aber die Vorstellung einer Familie wird immer präsenter in meinem Kopf. Vater werden. Irgendwie kann ich das Bild eines gütigen, graumelierten und dennoch jugendlich lächelnden Oberhauptes einer sich verzweigenden Großfamilie nicht abschütteln. Dieser fitte Opa hat ein sabberndes Enkelkind auf seinem Schoß und blickt dankbar und froh auf seine mittlerweile erwachsenen Kinder. Das ist sentimental und durch die rosa-rote Brille gesehen, aber doch auch eine schöne Vorstellung.

Der Rückflug bringt wenig Neues: Wieder muss ich meiner Angst begegnen und mit dem „Nichts“ unter meinen Füßen leben. Aber das fällt mir diesmal leichter. Zu Hause wartet etwas auf uns: eine neue Perspektive, ein verändertes Leben. Wenn ich gewusst hätte, wie sehr sich alles ändern würde, wäre meine Vorfreude geringer gewesen. Somit ist es manchmal tatsächlich ein Segen, nicht zu wissen, was einen morgen erwartet.

Mirja

Ich wurde schwanger – so wie ich es geplant hatte. Ich ging zu meiner Ärztin und diese bestätigte die Schwangerschaft. Doch sie betonte auch, dass das Kind, dessen Herzschlag ich voller Staunen auf dem Bildschirm bewundert hatte, zu klein für sein Alter sei. Das könne es noch aufholen, aber versprechen könne sie es mir nicht. Schon damals sprach sie von einer Fehlgeburt, aber das hörte ich nicht richtig. Ich war schwanger, und das war alles, was zählte. Ich malte mir in den rosigsten Tönen aus, was nun alles kommen würde. In meiner Vorstellung war ich das Szenario schon so oft durchgegangen: Babykleidung kaufen, Kinderwagen und Babybett aussuchen, Vorbereitungskurse besuchen. Ich sah mich vor meinem inneren Auge als strahlende Schwangere umherlaufen, eine Schwangere, die trotzdem noch ihren Job macht, den Haushalt schmeißt, Freunde bekocht, Leseevents im Café NUN plant und joggen geht. Schwangerschaft ist ja schließlich keine Krankheit, und alle, die sich in ihrer Schwangerschaft wie Kranke benehmen, habe ich immer ein wenig von oben herab belächelt und den Kopf über sie geschüttelt.

Ich war glücklich, ich war stolz – und dennoch hatte ich wieder diese Furcht, dieses flaue Gefühl im Bauch. Jetzt bist du schwanger, nun gibt es kein Zurück mehr. Eine Woche später sollte ich wieder zu meiner Ärztin zur Kontrolle kommen. Als sie einen Ultraschall machte, wurde sie sehr still und gleichzeitig hektisch. Sie fragte mich, ob wir nicht das letzte Mal schon einen

Herzschlag gesehen hätten, und da wusste ich, dass etwas nicht stimmte. Sie erklärte mir, dass mein Kind wohl aufgehört habe zu leben, aber dass sie, bevor sie mir zu einer Ausschabung raten wolle, auf Nummer sicher gehen möchte, denn manchmal „versteckten" sich die Kinder auch nur, sodass man nichts mehr sehen könne. Sie wolle das Wochenende abwarten und mich dann noch einmal untersuchen.

Ich fühlte mich wie benebelt, als ich die Praxis verließ. Es hatte so einfach, so gut begonnen. Und nun war alles ganz anders gekommen.

Die folgenden Tage versuchten Björn und ich zwischen Hoffen und Bangen so gut wie möglich hinter uns zu bringen. Wir fuhren nach Heidelberg und bummelten durch die Stadt, alles nur, um uns abzulenken und nicht ständig an unser Kind zu denken. Heidelberg ist eine so wunderschöne Stadt, aber diese Schönheit fiel uns an diesem Tag gar nicht auf. Irgendwie liefen wir ziellos durch die Straßen und fühlten uns verloren. Als wir in einem Café saßen, versuchten wir krampfhaft, unser Gespräch auf Dinge zu lenken, die nichts mit der Schwangerschaft zu tun hatten – und landeten doch immer bei genau diesem Thema. Etwas verstohlen, denn wir wollten nicht, dass andere mithörten, gingen wir zum hundertsten Mal alles durch. Gab es die Möglichkeit, dass das Kind doch noch lebte? Wir hatten ja schließlich von solchen Fällen gelesen, zwar nur im Internet, aber immerhin. Schließlich glaubten wir doch daran, dass Gott auch heute noch Wunder tun konnte. Für ihn wäre es ein Leichtes, dieses Kind leben zu lassen. Aber was, wenn es doch tot war? Und wenn Gott nicht vorhatte, ein Wunder zu vollbringen? Hatte ich vielleicht etwas falsch gemacht? Mich zu sehr angestrengt? Hätte ich mich hinlegen sollen? Aber davon hatte die Ärztin doch gar nichts gesagt. Was, wenn es alles meine Schuld war? Ich bemerkte, wie ich verstohlen auf die anderen Paare und Familien schielte. Die hatten Kinder oder waren zum Teil schwanger. Bei denen schien alles ein Leichtes gewesen zu sein. Warum bei uns nicht? Oder war es eine Prüfung von Gott? Wollte er testen, wie sehr wir ihm wirklich vertrauen? Oder wollte er uns durch Leid schicken, um unseren Charakter zu formen?

Um ehrlich zu sein, ich wollte in diesem Moment nicht geformt werden. Ich wollte kein Leid erfahren oder geprüft werden. Ich wollte ein gesundes Kind zur Welt bringen, und zwar genau das, was ich in mir trug. Björn war in dieser Zeit der Stärkere von uns beiden. Er ließ sich nicht so schnell von diesem Gedankenstrudel mitreißen, und doch merkte man ihm an, wie sehr das alles auch an ihm nagte. Allerdings nur, wenn man ihn gut kannte. Am nächsten Tag gingen wir zur Geburtstagsfeier einer Freundin und Praktikantin vom CVJM, eine willkommene Ablenkung, aber auch Björns Job als Jugendreferent. Er war ganz Profi. Gut gelaunt machte er Späße mit den Jugendlichen. Von außen betrachtet war er der Alte. Im Innern sah es jedoch auch bei ihm anders aus. Ich saß die meiste Zeit eher etwas abseits – um mich herum Freunde, die sich unterhielten und am Buffet bedienten –, aß selber Kuchen und hatte immer die eine Frage im Kopf: Lebt es oder lebt es nicht? Sah man mir an, was ich dachte? Dass ich schwanger war, aber vielleicht ein totes Kind in mir trug? Ich versuchte, mir nichts anmerken zu lassen, und war unendlich froh, als ich endlich wieder zu Hause war und die Tür hinter mir ins Schloss fiel. Ruhe. Endlich. Aber auch wieder Zeit zum Nachdenken. Keine Ablenkung mehr. Freie Bahn für die Gedanken, die Ängste. Ich recherchierte wieder und wieder im Internet, fand immer die gleichen Foreneinträge von Frauen, denen es genauso wie mir ergangen war und bei denen der Arzt nach einigen Tagen dann doch noch einen Herzschlag gefunden hatte. In solchen Momenten gewann die Hoffnung die Oberhand.

Für mich war trotz aller Ängste und Zweifel die ganze Zeit klar, dass dieses Kind leben könnte, trotz der Diagnose der Ärztin. Ich glaubte an einen Gott, der Wunder vollbringen kann. Ich war mir aber absolut nicht sicher, ob er es wollte. Warum sollte er ausgerechnet mein Baby leben lassen! Ich hatte meine Zweifel, hoffte dennoch – und hatte Angst vor der Enttäuschung.

Björn

Schwangerschaft ist ein Geheimnis, in das Männer schwer Einblick bekommen können. Ultraschalluntersuchungen gehören zu diesen Einblicken dazu. Fenster in den Bauch. Als Zivildienstleistender hatte ich im Rettungsdienst gearbeitet und eine Hebamme kennengelernt, die wie ein Rohrspatz auf die vielen Ultraschalluntersuchungen geschimpft hatte. Heute war ich dankbar für dieses Fenster zu unserem Kind. Aber ich verstand auch, warum sie dagegen war: Unser Kind war zu klein. Das hätten wir ohne diese Untersuchung nicht gewusst. Unwissenheit aber konnte uns diesmal nicht schützen, etwas stimmte nicht. Angst erfüllte uns beide. Es stimmte etwas nicht, das konnte nichts Gutes bedeuten.

Für mich schon fast natürlich, nahm ich die Rolle des starken Partners ein. Hey, wir reden doch über Gott hier, oder? Er kann unserem Kind helfen, aber wird er es auch? In mir gab es auch diese Zweifel. Ich erinnere mich gut daran, wie ich mich gefragt habe, ob Gott vielleicht doch nicht der gnädige, gute Vater ist. Aber halt – genau –, er ist doch selbst Vater. Er hat doch alles in der Hand. Sicher wird er uns helfen, und das wird eine Geschichte, wie wir sie jetzt schon ein paarmal gehört haben: Erst alles ernst, dann alles gut!

Mirja

Am Montag musste ich wieder zur ärztlichen Untersuchung. Nun sollten wir erfahren, ob unser Kind lebte oder schon vor Tagen gestorben war. Sie untersuchte mich sehr gründlich, doch es war genau so, wie ich es innerlich schon geahnt hatte – das Kind war gestorben. Am schlimmsten war dieses Gefühl des Enttäuschtseins, das ich Gott gegenüber hatte. Ich hatte es doch gewusst! Warum sollte ich Gott vertrauen, dass er heilt, wenn er es sowieso nie tat? Ich hatte es noch nie in meinem Umfeld erlebt, dass jemand wirklich geheilt wurde. Klar, mal ein Schnupfen hier oder eine Migräne da, aber so eine richtige Heilung von einer schweren Krankheit war mir bisher nur in Erzählungen anderer begegnet. Und nun saß ich meiner Ärztin gegenüber, die für mich einen Termin zur Ausschabung in einer Klink machte, und empfand nur Leere und ein Verlassensein von Gott. Natürlich kann er auch heute noch heilen, nur erschien es mir damals so, als wolle er es nicht.

Am nächsten Morgen fuhren wir in die Klinik. Ich wurde noch einmal gründlich untersucht, aber auch hier konnte man keinen Herzton mehr feststellen. Also bereitete man mich für den Eingriff vor: Selten bin ich mir so erniedrigt und verletzlich vorgekommen. Für die Ärzte war es Routine, doch ich hatte gerade mein erstes Kind verloren, und nun sollte es in einem sterilen OP „entfernt" werden. Wenn ich erwachen würde, wäre alles vorbei. Man band mich auf dem Operationstisch fest, ich bekam die Atemmaske übergestülpt – und erwachte im Aufwachzimmer mit einer unglaublichen Leere in mir. Ein Stück von mir war in diesem Operationssaal geblieben und würde, nun, zumindest fühlte es sich so an, entsorgt werden. Eine Ärztin klärte mich hinterher auf, dass jedes Kind in einer Gemeinschaftsbeerdigung beerdigt würde und lud mich sogar dazu ein, doch ich konnte und wollte all das nicht an mich heranlassen. Ich wollte nur vergessen und so schnell wie möglich wieder schwanger werden.

An diesem Abend saßen Björn und ich vor dem Fernseher, sahen uns „Charlie und die Schokoladenfabrik" an und aßen Milchreis. Den Film kann ich mir seitdem nicht mehr anschauen. Die Erinnerungen wären zu mächtig. Es war ein trauriger Abend. Ich fühlte mich so müde, als hätte ich gerade einen ganzen Tag lang eine Prüfung absolviert. Ausgelaugt. So ging es in den nächsten Tagen weiter.

Immer wieder wurde ich mit Situationen konfrontiert, die mir bewusst machten, wie sehr mich die Fehlgeburt getroffen, verletzt hatte. Am stärksten ist mir das alljährliche Weihnachtsessen mit den Kollegen der Buchhandlung, in der ich arbeitete, im Gedächtnis geblieben. Gemütlich saßen alle an einem großen Tisch, ließen sich die Pizza schmecken, und so ganz nebenbei wurde die Ehefrau meines Chefs gefragt: „Und, wann ist es bei dir so weit?" In diesem Moment erstarrte ich innerlich, merkte, wie mein Herz für den Bruchteil einer Sekunde aussetzte, nur um dann mit doppelter Geschwindigkeit weiterzuschlagen. Ganz natürlich drehte sich das folgende Gespräch um Babys und Schwangerschaft, doch ich hatte mich längst aus allem ausgeklinkt, mich in mein Inneres zurückgezogen, hörte alles nur noch durch eine Nebelwand. Ich würgte den Rest meines Essens hinunter und verabschiedete mich. Ich hielt es einfach nicht mehr aus. Die ganze Rückfahrt über weinte ich, schrie zu Gott, fühlte mich so allein, von ihm verlassen. Ich spürte Zorn, Wut in mir, dann wieder Trauer und Müdigkeit. Als ich zu Hause ankam, wollte ich nur noch schlafen. Vergessen. Ausruhen. Und die Vergangenheit am liebsten rückgängig machen. Immer wieder schwirrten mir die Fragen durch den Kopf: Was hätte ich anders machen können? Hätte ich nicht zur Arbeit gehen dürfen? Würde unser Baby dann noch leben? Doch gleichzeitig wusste ich: All das Fragen ist sinnlos, ich werde doch keine Antwort darauf bekommen. Zumindest nicht auf dieser Seite der Welt.

* * *

Nach all diesen Erlebnissen hilft mir der Urlaub in der Toskana sehr; die Zeit, die Ruhe, sie heilen. Die Trauer über unseren Verlust ist hier in dieser schönen Landschaft nicht mehr so präsent wie zu Hause, und doch gibt mir jede Schwangere, die mir begegnet, einen Stich ins Herz. Hier in der Toskana bekommen Kirchen eine neue Bedeutung für mich. In ihnen fühle ich mich auf sonderbare Weise sicher und aufgehoben. Kann die Nähe Gottes regelrecht spüren, auch wenn mir mein Kopf sagt, dass Gott nicht an einem starren Gebäude festzumachen ist. Und dennoch – die Stille, der Geruch, die Kerzen, die Bilder, das einfallende Sonnenlicht durch die bunten Glasfenster –, all das lässt mich zur Ruhe kommen, mich wieder ein Stückchen mehr in Gottes Armen wiederfinden, in den Armen, gegen die ich mich nach meiner Fehlgeburt so sehr gewehrt habe, die mir in meiner Not nicht geholfen haben.

Eines Nachts habe ich in diesem Urlaub einen Traum, und es ist das erste und bisher letzte Mal in meinem Leben, dass ich mir sicher bin, dass Gott diesen Traum geschickt hat. In dieser einen Nacht träume ich, dass ich wieder schwanger bin. Ich erwache am nächsten Morgen mit einer derartigen Gewissheit, dass es für mich keinerlei Zweifel mehr geben kann. Ich bin wieder schwanger. Ich mache keinen Test, ich weiß es auch so. Diesen einen Tag lang. Und ich bin glücklich wie selten zuvor in meinem Leben. Doch das menschliche Herz ist ein seltsames Ding, denn meine Sicherheit weicht am nächsten Tag bereits wieder den Zweifeln. Was ist, wenn ich mir das nur eingebildet habe? Ständig horche ich in mich hinein. Wieso sollte Gott gerade mir einen Traum schicken, um mir zu sagen, dass ich ein Kind bekommen würde? Dafür gibt es keinen Grund. Doch auch wenn die Zweifel die Oberhand gewinnen, irgendwo im hintersten Winkel, versteckt unter all den anderen wichtigen Dingen meines Lebens, verbirgt sich die Sicherheit, die ich an diesem einen Tag verspürt habe. Und sie verlässt mich den ganzen Urlaub über nicht, bleibt lediglich verborgen.

Juni/Juli 2006

MIRJA

Zurück aus der Toskana, hat uns sehr schnell der Alltag wieder eingeholt. Bisher habe ich immer noch keinen Schwangerschaftstest gemacht – ich habe zu große Angst, dass er negativ ausfallen und ich in ein Loch der Enttäuschung fallen könnte. Also lebe ich so vor mich hin, habe aber immer noch diese leise Hoffnung in mir, genährt durch den Traum in der Toskana und den einen Tag der gefühlten vollkommenen Sicherheit.

Doch dann bekomme ich Blutungen, zu wenig für meine Tage, aber zu viel im Falle einer bestehenden Schwangerschaft. Ich ringe mich nun doch dazu durch, einen Test zu machen. Sollte ich schwanger sein, müsste ich mit diesen Blutungen sofort zu meiner Ärztin.

Der Test ist positiv.

Da ist zum einen Freude, als ich das Wort „schwanger" auf dem Test erblicke, aber gleichzeitig auch ein flaues Gefühl. Mein alter Begleiter, die Angst, ist wieder an meiner Seite und greift nach meiner Hand. Am liebsten würde ich sie ihr entreißen, aber der Griff ist zu fest. Ich rufe sofort bei meiner Ärztin an und kann wenige Stunden später vorbeikommen. Bis dahin vertreiben Björn und ich uns die Zeit in der Stadt mit Shoppen, um uns abzulenken. Zumindest versuchen wir es. Immer wieder kreisen meine Gedanken um das, was uns die Ärztin gleich sagen wird. Ich hoffe so sehr, dass dieses Mal alles gut gehen wird, doch die Angst flüstert leise in mein Ohr: „Hey, du hast Blutungen. Das ist nicht normal für eine gesunde Schwangerschaft. Mach dir bloß keine Hoffnungen, sonst wirst du nur wieder enttäuscht. Und du weißt ja, Gott hat dir das letzte Mal auch nicht geholfen. Also finde dich mit deiner Situation endlich ab, du blauäugiges Ding …"

In der Arztpraxis empfängt mich der inzwischen schon vertraute Geruch. Ein Geruch, den ich bis heute nicht mehr riechen kann, bei dem mir übel wird, ich nasse Hände kriege. Meine Erinnerungen waren schon immer mit Gerüchen verknüpft. Meistens sind es angenehme Erinnerungen, zum Beispiel an einen schönen Urlaub, wenn ich eine bestimmte Sonnencreme rieche. Oder auch die Erinnerung an meine Grundschule, wenn ich durch Räume mit diesem typischen Linoleumgeruch laufe. Diesmal ist es allerdings anders. Wir setzen uns ins Wartezimmer und warten mal wieder. Warten. Warten, bis wir an der Reihe sind und in das Behandlungszimmer dürfen. Die Ärztin beginnt mit der Untersuchung, zu diesem Zeitpunkt ist noch dieses Fünkchen Hoffnung da. Die Worte, die sie dann allerdings sagt, belehren mich eines Besseren: „Theoretisch sind Sie schwanger. Da ist eine Fruchtblase zu sehen. Allerdings ist sie deformiert und leer. Es tut mir leid, aber es handelt sich wieder um eine Fehlgeburt. Wenn auch in einem frühen Stadium. Eine Ausschabung ist diesmal nicht nötig. Vermutlich wird es von alleine abgehen." Ich wage einen zaghaften Versuch – noch hat die Hoffnung sich nicht ganz in Luft aufgelöst: Könnte es nicht sein, dass sich einfach nur der Eisprung verschoben hat durch die vorherige Fehlgeburt und die Schwangerschaft in einem zu frühen Stadium ist? Könnten vielleicht Hormontabletten helfen, wegen der Blutung?

„Nein, das ist ausgeschlossen!" Nun ist die Hoffnung verschwunden.

Wir fahren nach Hause. Ich bin traurig und wütend. Wütend auf Gott, der mich schon wieder im Stich gelassen hat. Warum kriegen andere ihre Kinder mit einer solchen Leichtigkeit und mir bleibt das verwehrt? Keinen Gedanken verschwende ich an all die vielen Paare, die keine Kinder bekommen können, die ähnliche Probleme haben. Ich sehe nur mich, mein „Schicksal" und meine Trauer. An diesem Tag schreibe ich Freunden, die gerade im Ausland leben, eine E-Mail.

Ich erzähle ihnen von meiner zweiten Fehlgeburt: „Ich glaube, dass Gott ein Wunder tun könnte, dass er das Herz dieses Kindes schlagen lassen könnte, aber so ist Gott nicht – nicht mehr heute. Gott macht heute keine Wunder mehr, damals ja, heute nicht mehr."

Ich meine jedes Wort genau so, wie ich es schreibe.

In der folgenden Woche gehe ich joggen, fahre Fahrrad, mache alles, um meinen Körper dazu zu bewegen, die ganze Geschichte möglichst schnell zu beenden. Ich will, dass diese „Pseudo-Schwangerschaft" zu Ende ist, will nicht tagelang, vielleicht wochenlang so rumlaufen, mit dem Gedanken daran, was in mir ist.

Am Freitag bin ich wieder bei meiner Ärztin. Zur Kontrolle, wie sie sagt. Sie beginnt wieder mit der Untersuchung, diesmal in einem anderen Behandlungszimmer, mit einem genaueren Gerät, bei dem man als Patient alles auf einer großen Leinwand mitverfolgen kann. Vor der Leinwand steht eine Standlampe, die mir die Sicht nimmt, aber irgendetwas scheint sich da auf dem Bildschirm zu bewegen. Da flackert etwas. Und da ist sie wieder – die Hoffnung. War sie nie wirklich weg gewesen? Hatte sie sich vielleicht nur versteckt, in der hintersten Ecke meines Körpers?

Die Ärztin ist irritiert. „Nun, da ist jetzt doch ein

Herzschlag zu sehen. Scheint so, als ob sich da ein Kind entwickelt hätte."

In meinem Kopf schwirrt es. Fragen. Ängste. Freude. Was ist mit den Blutungen?

Ich bekomme Medikamente verschrieben und eine ärztliche Anweisung mit auf den Weg: „Legen Sie sich hin. Halten Sie sich ruhig – in zwei Wochen sehen wir uns wieder. Aber seien Sie guten Mutes, es wird bestimmt klappen dieses Mal."

Beim Verlassen des Praxisgebäudes telefoniere ich bereits mit Björn. Er verlässt sofort sein Büro und kommt mir auf halbem Weg entgegen. In seinem Gesicht sehe ich dieselbe Ungläubigkeit, Freude, aber auch Angst wie bei mir selbst. Ein Spiegelbild meines eigenen Inneren. Wir fahren nach Hause und ich lege mich auf die Couch. Zwei Wochen lang nur liegen. Zwei Wochen lang sich fragen, ob das Kind gewachsen ist oder ob sein kleines Herz wieder aufgehört hat zu schlagen. Wir schreiben eine Rundmail, nur an unsere engsten Freunde. Wir brauchen Leute, die für uns beten, an uns denken, wollen es aber nicht der ganzen Welt mitteilen. Was ist, wenn es wieder schiefgeht ...?

Nun liege ich da, auf meinem Sofa. So mancher würde vielleicht sagen, dass es doch nett sei, zwei Wochen lang zu liegen, zu lesen, DVDs zu gucken, wieder zu lesen, mal ein Hörbuch zu hören zwischendrin. Doch nach zwei Tagen habe ich keine Lust mehr auf Bücher und DVDs, ich würde lieber draußen herumlaufen, anstatt in unserer Wohnung auf dem Sofa zu liegen. Es ist Sommer, es ist WM, ganz Deutschland ist in Party-Stimmung – und ich liege und liege und liege. Wenn es doch nur etwas bringen würde! Doch da ist immer wieder diese Unsicherheit. Die ganze Zeit bin ich damit beschäftigt, in mich reinzuhorchen. Fühle ich noch diese typischen Anzeichen einer Schwangerschaft oder sind sie wieder verschwunden? Lebt das Kind noch? Oder schon nicht mehr?

Die zwei Wochen sind um und wieder machen wir uns auf den Weg in die Arztpraxis. Wieder sitzen wir im Wartezimmer und warten. Zum Glück ist es früh am Morgen, sodass wir möglichst schnell Gewissheit haben werden. Wir warten und warten. Dann das Untersuchungszimmer. Gleicher Behandlungsstuhl, gleicher Geruch. Willkommen. Ich kann diesmal nicht auf den Monitor schauen. Die Angst lähmt mich. Diesmal schaue ich nur Björn ins Gesicht. Ich versuche darin zu lesen, warte innerlich schon auf den Moment, wo er mich traurig anschaut und den Kopf schüttelt – wie in diesen amerikanischen Fernsehserien. Doch da kommt kein Kopfschütteln, stattdessen ein Grinsen. Ein Herzschlag ist zu sehen. Ich schaue auch auf den Monitor, sehe dieses kleine Flackern und merke plötzlich, wie schnell mein eigener Herzschlag geworden ist. Das Kind ist gewachsen, vier Milimeter. Winzig. Lebendig. Dieser Moment ist so kostbar. Ich bin unendlich dankbar. Mir kommt die E-Mail in den Sinn, die ich an unsere Freunde geschrieben hatte: „Ich weiß, dass Gott dieses Kind leben lassen könnte, aber so etwas tut Gott nicht mehr. Gott macht heute keine Wunder mehr.“ Ich schäme mich. Wer bin ich, dass ich so reden darf?

September 2006

Mirja

Meine Schwangerschaft entwickelt sich von diesem Zeitpunkt an ganz normal. Doch die Angst bleibt mein ständiger Begleiter. Sie ist mir ein treuer Partner, den ich am liebsten wegschicken würde, der aber hartnäckig ist. Sie weicht keinen Millimeter. Bei jedem Arztbesuch denke ich, dass das Herz des Babys aufgehört haben könnte zu schlagen. Doch unser Kind lebt und wächst. Bis zu dem Abend, an dem ich wieder eine Blutung habe.

Björn ist für den CVJM unterwegs und ich sitze zu Hause und vertreibe mir die Zeit. Irgendwann merke ich, dass mit mir etwas nicht stimmt, es fühlt sich so an wie am Anfang der Schwangerschaft. Ich habe wieder eine Blutung. Panik steigt in mir auf und ich versuche sofort, Björn anzurufen. Aber er ist über sein Handy nicht erreichbar. Ich versuche es wieder und wieder und wieder. Nichts. Langsam bin ich wie von Sinnen vor lauter Angst. Ich kann nicht mehr klar denken. Was ist, wenn unser Kind gestorben ist? Bitte nicht schon wieder, Gott! Bitte, lass es leben! Nach fast fünfzig Versuchen erreiche ich Björn endlich. Sein Handy hatte keinen Empfang und erst als er auf die Toilette gegangen ist, haben ihn meine Nachrichten erreicht. Er macht sich sofort auf den Weg zu mir, damit wir ins Krankenhaus fahren können, doch die Zeit vergeht so langsam. Ich warte und warte. Mir ist schlecht. Ich zittere. In meiner Not rufe ich bei meinen Eltern an und erzähle ihnen von der Blutung. Sie halten mich mit ihren Worten durch das Telefon hindurch in ihren Armen. Wie sehr wünsche ich mir, dass sie jetzt bei mir sein könnten. Ich weine. Und sie beten. Etwas anderes können sie nicht tun. Aber es ist das Beste, was sie machen können. Irgendwann höre ich den Schlüssel im Schloss: Björn ist da und wir machen uns sofort auf den Weg ins Krankenhaus, dasselbe Krankenhaus, in dem ich damals die Ausschabung hatte. Erinnerungen kommen wieder hoch ... Zum Glück müssen wir nicht lange warten und werden sofort von einer freundlichen Ärztin ins Behandlungszimmer geführt. Ich möchte alles nur noch schnell hinter mich bringen.

Die Ärztin beginnt mit der Untersuchung: „Ja, da ist eine Blutung, die muss schon etwas länger her sein. Aber Ihr Kind lebt. Es bewegt sich sogar. Im Moment hat es die Größe eines Gummibärchens."

Ich möchte weinen, weil ich so erleichtert bin. Unser Kind – ein kleiner Kämpfer – lebt, hat wieder eine Blutung überstanden. Wie viele werden es denn noch werden?

Die nächsten Wochen verlaufen wieder ruhig und normal. Bei den Arztbesuchen zeigen sich keine Auffälligkeiten, die uns sorgen könnten. Bis zu dem Tag, an dem der große Ultraschall gemacht wird. Hier bemerkt meine Ärztin das erste Mal, dass die Plazenta zu tief sitzt. Aber das sei kein Grund zur Sorge. Das komme bei vielen Frauen vor und im Normalfall ziehe sich die Plazenta mit dem Wachsen der Gebärmutter weiter nach oben. Wenn das so ist, dann brauche ich mir ja wirklich keine Gedanken zu machen. Viel wichtiger ist für mich im Moment, dass unser Kind gesund ist – und dass es ein Mädchen wird. Das hatte ich mir so sehr gewünscht. Dieser Arztbesuch ist einer der glücklichsten in meiner gesamten Schwangerschaft. Wie gerne würde ich dieses Gefühl der Sicherheit und Unbeschwertheit festhalten. Doch es entgleitet mir schon ein paar Tage später und kommt nie wieder zurück ...

Der CVJM veranstaltet eine große Tagung in Karlsruhe und Björn und ich sind voll mit eingespannt. Ich organisiere den Bücherstand und verkaufe in jeder Pause. Björn ist ständig unterwegs, um irgendetwas zu organisieren, und so sehen wir uns nur zwischendrin. Abends bin ich immer todmüde und merke, wie mein Bauch sich verspannt und hart wird. Darüber mache ich mir aber noch keine großen Sorgen, denn das habe ich bereits von vielen schwangeren Frauen gehört. Doch an einem Abend habe ich plötzlich so stechende Schmerzen, dass ich kaum noch stehen kann. Zuerst glaube ich an eine Blutung oder Ähnliches, aber nichts geschieht. Ich entspanne mich wieder, denn vermutlich, so sage ich mir, handelt es sich lediglich um Wachstumsschmerzen der Gebärmutter, das hatte ich mal irgendwo gelesen.

Am nächsten Tag stehe ich wieder am Bücherstand auf der CVJM-Tagung. An diesem Tag spüre ich zum ersten Mal, wie sich meine Bauchdecke bewegt. Ich bin so glücklich, verschwende keinen Gedanken an die Schmerzen vom Vortag oder gar die Blutungen der Anfangstage. Es wird wieder spät, bis ich den Stand schließen kann. Die anderen sind schon alle in ein anders Gebäude gegangen, um gemütlich etwas zu trinken und sich noch zu unterhalten. Gemeinsam mit einem guten Freund, mit dem ich zusammen den Stand betreut habe, mache auch ich mich auf den Weg zu den anderen und freue mich darauf, endlich mit ein paar Leuten entspannt reden zu können.

Kurz bevor wir das Gebäude betreten, merke ich, dass etwas nicht stimmt. Zuerst glaube ich, Fruchtwasser zu verlieren, und gehe schnell auf die Toilette, um sicherzugehen. Doch ich verliere kein Fruchtwasser. Da ist überall Blut, diesmal richtig viel. Ich merke, wie mein Herz für den Bruchteil einer Sekunde aussetzt. Mein Blut rauscht in meinen Ohren, ich nehme meine Umwelt nur noch wie durch einen Schleier hindurch wahr. Ich verlasse die Kabine, wasche mir noch die Hände – so viel Zeit muss irgendwie sein – und gehe nach draußen, um Björn zu suchen. Es reicht noch dafür, unserem Freund, den ich um die Ecke biegen sehe, zu sagen, dass er ihn holen soll, dass ich wieder eine Blutung habe. Dann lege ich mich an den erstbesten Platz: vor die Herrentoilette. Immer mal wieder kommt jemand vorbei, der auf die Toilette muss und fragt, ob bei mir alles in Ordnung sei. Ich nicke dann bloß, kann nicht sprechen, will auch nicht sprechen. Björn kommt, blass, mit zwei Ärzten im Schlepptau, die auch auf der CVJM-Tagung sind. Sie schaffen mich erst mal vom Boden vor der Toilette weg in ein Erste-Hilfe-Zimmer mit einer Liege. „Hast du Schmerzen? Oder irgendwas gespürt?" Ich schüttle den Kopf: nein, keine Schmerzen, nichts gespürt. Irgendwie scheint sie die Tatsache, dass ich keine Schmerzen habe, nicht zu beruhigen. Ist das denn kein gutes Zeichen? Keine Schmerzen ist doch eigentlich immer gut, oder? Die beiden Ärzte meinen jedoch nur, dass man mich erst mal im Krankenhaus gründlich untersuchen müsse, so könne man überhaupt nichts sagen, nur hoffen, dass trotz der Blutung alles in Ordnung sei mit dem Kind.

Wir warten auf den Krankenwagen, warten und warten. Meine ganze Schwangerschaft scheint aus Warten zu bestehen. Es dauert eine gefühlte Ewigkeit, bis die Sanitäter kommen, und die ganze Zeit horche ich in mich hinein, ob da nicht eine kleine Bewegung von unserem Kind zu spüren ist. Doch ich spüre nichts. Nichts. Nur diese lähmende Angst, meinen ständigen Begleiter. Die Sanitäter tragen mich hinaus in den Krankenwagen. Die Leute gucken. Es ist mir egal, und auch wieder nicht. Sie sollen mich in Ruhe lassen, sich etwas anderes zum Begaffen suchen. Ich bin kein Objekt, das begutachtet werden muss. Ich bin eine Schwangere mit Blutungen und panischer Angst davor, dass das Kind in ihr gestorben sein könnte. Im Wagen fragen mich die Sanitäter, in welches Krankenhaus ich möchte, und ich sage das Einzige, was mir so schnell einfällt: in das gleiche Krankenhaus, in dem ich schon wegen der Fehlgeburt und der ersten Blutung war. Wir fahren los. Unsere Autoschlüssel haben wir unserem Freund gegeben, der mit dem Wagen zu unserer Gemeinde fährt. Dort ist gerade ein Treffen und unsere Freunde dort fangen an, für uns zu beten – genauso wie unsere Freunde auf der Tagung. Beten ist das Einzige, was sie in diesem Moment machen können, aber vermutlich das Wirksamste. Ich habe keine Ahnung, wie unsere ganze Geschichte ausgegangen wäre, ohne all die Gebete, die für uns gesprochen wurden. Ich bin der festen Überzeugung, dass meine Tochter heute nicht auf dieser Welt wäre, wenn sie nicht schon in ihren ersten Lebenstagen, noch in meinem Bauch, so sehr mit Gebeten bedeckt worden wäre. Mit Gebeten haben wir um sie gekämpft. Um ihr Leben.

Wir sind schon die Hälfte des Weges gefahren, da kommt eine Funkdurchsage vom Krankenhaus. Mein „Fall“ sei ihnen zu heikel, eine Schwangere in der 21. Woche mit Blutungen, dafür seien sie nicht ausgestattet. Wir werden an ein anderes Krankenhaus verwiesen, ein Krankenhaus, das für solche Situationen besser ausgerüstet ist und mehr Erfahrung hat. Von alldem bekomme ich nichts mit. Ich liege da, bin wie gelähmt, sage kein Wort, schaue immer nur in die gleiche Ecke des Wagens, links oben, und horche. Horche tief in mich hinein. Warte auf eine Bewegung, ein Zeichen des Lebens. Aber es kommt nichts. Nur Stille. Eine Stille, die mich innerlich zu zerreißen droht.

Im Krankenhaus angekommen, weiß keiner so recht, wo wir hinmüssen. Wir fahren mit dem Fahrstuhl nach oben auf die Entbindungsstation. Nein, hier seien wir falsch, wir müssten wieder nach unten. Dort stehen wir dann auf einem dunklen Flur – es ist bald Mitternacht – und warten. Warten darauf, dass uns jemand sagt, wo wir hinmüssen. Die Zeit vergeht, kostbare Minuten, die Leben oder Tod bedeuten können. Endlich werden wir wieder nach oben geschickt, also doch auf die Entbindungsstation. Eine Ärztin kommt auf uns zu und bugsiert uns genervt in ein Untersuchungszimmer. Ich muss mich auf den Untersuchungsstuhl setzen, doch meine Beine zittern so sehr, dass ich sie nicht mehr unter Kontrolle habe. „Versuchen Sie mal, Ihre Beine stillzuhalten, ich werde jetzt erst mal gucken, woher die Blutung kommt.“ Ich kann meine Beine jedoch nicht stillhalten, ich habe keinerlei Kontrolle mehr über meinen Körper. Am liebsten würde ich die Ärztin anschreien, sie rütteln. Wie kann man nur so gefühlskalt sein? Ich will wissen, ob mein Kind noch lebt, alles andere interessiert mich nicht. Doch sie schaut nicht nach unserem Kind, sie schaut nach der Blutung, nach der Gebärmutter. Erst als sie diese Untersuchung beendet hat, darf ich mich auf die Liege legen, wo ein Bauch-Ultraschall gemacht wird.

Ich kriege keine Luft, schaue nicht auf den Monitor. Ich kann nicht. Warte einfach nur ab.

„Ihr Kind lebt, es hat die Blutung überlebt. Es bewegt sich sogar. Ein Mädchen, würde ich sagen." Das Gefühl, das mich bei dieser Nachricht durchströmt, ist einfach unglaublich. Da ist so viel Erleichterung und Freude, dass mir fast schlecht wird. Ich fühle mich leicht, fast wie in einem Rausch. Jetzt ist mir alles egal, was die Ärzte mit mir machen wollen. Mir sind die Nadeln egal, die ich in den Arm bekomme, und mir ist egal, dass ich im Krankenhaus bleiben muss. Unser Kind lebt. Das ist alles, was in diesem Moment zählt.

Ich werde auf mein Zimmer gebracht, ein Zwei-Bett-Zimmer für mich allein, und für die Nacht fertig gemacht – Medikamente, Einmalzahnbürste, Waschlappen, am besten nicht mehr aufstehen. Dann verschwindet die Nachtschwester und Björn und ich sind endlich allein. Er muss auch gleich gehen, die Besuchszeit ist ja schon lange vorbei, da ist die Schwester sehr, sehr strikt. Aber verabschieden darf er sich noch, das geht in Ordnung. An der Wand hängt ein Kruzifix. Als Björn geht, meint er: „Guck, Jesus ist auch da." Darüber muss ich immer wieder nachdenken in dieser Nacht und in den folgenden Wochen. Jesus passt auf mich auf, aber warum hat er nicht bei meiner ersten Schwangerschaft auf mich geachtet? Warum muss ich jetzt hier im Krankenhaus liegen, mit Blutungen, während andere Schwangere draußen herumlaufen und noch Umzüge, Uni-Prüfungen und die Versorgung von zwei bis drei weiteren Kindern bewerkstelligen können? Ich liege hier wie eine Kranke, bin aber doch „nur" schwanger und dennoch ab sofort ans Bett gefesselt. Ab dem heutigen Tag muss ich liegen, die nächsten

6 Wochen. Und bei alldem ist Jesus dabei. Mein Kopf weiß das. Ich sehe, wie er für mich sorgt: liebe Freunde kommen vorbei und kümmern sich um mich. Die Blutungen gehen zurück, die Schwangerschaft stabilisiert sich wieder. Gesundheitlich fühle ich mich besser und das Kind wächst. Aber die Zweifel behaupten ihre Position eisern. Wenn er doch für mich sorgt, warum liege ich dann hier? Warum kann ich nicht, wie andere Schwangere auch, draußen durch die Gegend laufen? Irgendwie finde ich keine Antwort darauf und habe sie, glaube ich, bis heute nicht wirklich gefunden. Ich merke nur, dass mein Gehirn einfach nicht in der Lage ist, diese großen Zusammenhänge, dieses Denken Gottes zu durchdringen. Irgendwie pralle ich immer am äußeren Kern ab, und wenn ich gerade glaube, etwas durchschaut zu haben, kommt wieder etwas dazwischen und meine Theorie über Gott wird widerlegt. Die einzige Schlussfolgerung, zu der ich komme, ist, dass ich Gott mit meinem Denken, mit meinem Kopf nicht begreifen, sein Handeln nicht erklären kann. Damit muss ich wohl lernen zu leben.

Die Woche im Krankenhaus bringe ich erstaunlich gut hinter mich. Die Tatsache, dass Björn mir jeden Morgen einen leckeren Milchkaffee mitbringt, und die Aussicht, nach einer Woche wieder nach Hause zu dürfen, machen es mir leicht. Ich bekomme so viel Besuch, Kekse und Schokolade, dass ich schon um meine Figur fürchte. Doch draußen scheint die herrlichste Herbstsonne und immer wieder blitzt in mir die Sehnsucht auf, meine Schuhe anzuziehen und rauszugehen, um den Krankenhausmief hinter mir zu lassen und die Wärme der Sonne zu genießen. Aber dazu wird es in diesem Herbst wohl nicht kommen.

Nach einer Woche darf ich tatsächlich wieder nach Hause, aber ich muss mich schonen, darf nicht herumlaufen, muss auf dem Sofa liegen. Die ersten paar Tage sind toll. Ich lese endlich all die Bücher, die ich schon die ganze Zeit lesen wollte – zumindest einen Teil davon –, ich schaue am helllichten Tag DVDs, höre Hörbücher, werde von vorn bis hinten bedient. Nach fünf Tagen habe ich schon keine Lust mehr. Draußen höre ich die Kinder bei ihren Spielen lachen, die Sonne scheint in unser Wohnzimmer und ich möchte mir die Joggingschuhe anziehen und durch die Apfelbaumplantagen joggen, den herrlichen Duft reifer Äpfel einatmen und die Sonne genießen. Stattdessen liege ich auf unserem grünen Klippan-Sofa, das schon immer ein wenig zu kurz zum Liegen war, und gucke Tim Mälzers „Schmeckt nicht, gibt's nicht". Danach gleich noch ein paar Serien – wie gut, dass es Serien gibt, und dann auch noch so viele verschiedene, so habe ich jeden Tag ein festes Serien-Ritual, auf das ich mich freuen kann. Doch die Sehnsucht nach der Welt da draußen können auch die besten Serien nicht vertreiben.

Zu dieser Zeit haben Björn und ich noch etwas abseits vom Karlsruher Stadtkern gewohnt, in einem kleinen Dorf, sehr ländlich und idyllisch, das zwar noch zu Karlsruhe gehört, aber auf einem Berg liegt und nur mit dem Bus, dem Auto oder, bei sehr, sehr guter Kondition, vielleicht auch mit dem Fahrrad zu erreichen ist. Der Besuch wird spärlicher. Viele unserer Freunde haben kein Auto, das braucht man in Karlsruhe auch nicht. Und jeder Ort, zu dem man nicht mit der Straßenbahn gelangt, wird im Kopf der Karlsruher in die Kategorie „unerreichbar" eingeordnet. Das kann ich sogar verstehen, auch wenn ich es mir anders einreden möchte, aber hier zu uns auf den Berg zu gelangen, kommt ohne Auto einer kleinen Weltreise gleich. Da war das Krankenhaus schon besser gelegen. Björn muss natürlich arbeiten, und so liege ich viele Stunden allein zu Hause. Oft schlafe ich einfach vor Langeweile ein oder starre die Decke an, habe keine Lust zum Lesen und will mir nicht schon wieder einen Film anschauen. Ich versuche im Liegen Wäsche zu legen und Fotos zu sortieren. Das klappt jedoch nur mäßig. Irgendwann bin ich zwischen lauter Foto-Kisten eingezwängt, kann mich nicht mehr bewegen und darf nicht aufstehen, um alles wieder an seinen Platz zu räumen. Ich muss warten, bis Björn das für mich erledigt. Was würde ich dafür geben, wenn ich die Wohnung putzen dürfte. Ein wenig Abwechslung in den Liege-Alltag bringt da der Kauf eines Laptops. Jetzt kann ich wenigstens im Internet surfen. Und das mache ich auch ausgiebig. Es gibt ja so viele Blogs und Foren zu lesen – und dann kann man auch noch hervorragend einkaufen. So verbringe ich viele Stunden in den Weiten des Web und komme vom Hundertsten zum Tausendsten. Egal – Hauptsache, ich habe etwas zu tun.

An einem Abend sind Freunde aus England zu Besuch. Und weil sie noch viel mehr Freunde in Karlsruhe haben, die sie auch gerne wiedersehen würden, laden wir kurzerhand alle zu uns nach Hause in unsere 60 qm große Wohnung ein. Das ist für mich die einzige Möglichkeit, an diesem Treffen teilzunehmen. Mit Björn und mir sind es elf Leute, die sich in unser winziges Wohnzimmer und unsere kleine Küche quetschen. Ich freue mich, dass ich endlich mal wieder so viele meiner Freunde auf einem Haufen sehen kann – und komme mir doch auch doof vor. Da habe ich endlich mal wieder Besuch und dann liege ich als Gastgeberin auf dem Sofa. Wann immer ich in die Küche gehe, um zu helfen, werde ich sanft zu meinem Klippan-Lager bugsiert. Meine Freunde setzen sich einfach zu mir – auf den Teppich vor das Sofa. Ich bin Teil von ihnen und so froh für diese Abwechslung, für diesen Abend. Endlich einmal liege ich nicht allein zu Hause, während Björn unterwegs ist und Leute sieht. Endlich kann ich mich mal wieder mit vielen Leuten unterhalten und höre nicht nur Tim Mälzer bei seiner Koch-Show zu, wie er leckere Rezeptideen weitergibt. Ich bin in dieser Zeit für jeden Einzelnen dankbar, der mich besucht, aber dieser Abend ist etwas ganz Besonderes.

Und dann klingelt eines Tages der Paketbote und bringt mir ein Paket, von einer guten Freundin aus Bremen. Als ich es öffne, finde ich darin viele kleine Geschenke, die mit Zahlen versehen sind – ein Schwangerschafts-Adventskalender. Für jeden Tag der Schwangerschaft bis zum errechneten Geburtstermin hat sie mir ein Päckchen oder einen Brief eingepackt: Zeitungen, eine Laterne zum Basteln, Fingerfarbe zum Bauch-Verschönern, witzige Internet-Seiten, Geschichten und Sprüche. Wieder einmal merke ich, was es bedeutet, Freunde zu haben. Es ist egal, wo sie wohnen, das kann noch so weit weg sein, Freunde sind im Leben eine Kostbarkeit, die man hüten muss wie einen Schatz. In dieser für uns oftmals so schweren Zeit werden Freundschaften, von denen ich es nie gedacht hätte, immer intensiver – und andere Freunde verschwinden plötzlich von der Bildfläche, oder die

Freundschaften schlafen so heimlich ein, dass ich erst Monate später merke, dass sie nicht mehr Teil meines Lebens sind. Krisenzeiten, Ausnahmezustände im eigenen Leben oder in dem der Freunde machen etwas mit den Freundschaften, ob man es will oder nicht. Entweder sie werden intensiver oder sie verlieren ihre Kraft; ich glaube, dazwischen gibt es keine Abstufung. Oftmals hat man es selbst in der Hand, was aus den Freundschaften wird, aber manchmal ist man vom Leben derartig durchgerüttelt, liegt am Boden, kann sich – in meinem Fall im wahrsten Sinne des Wortes – nicht bewegen, sodass man darauf angewiesen ist, dass die anderen zu einem kommen, sich auf den Weg machen. Eine Freundschaft ist immer ein Geben und Nehmen, doch in manchen Zeiten überwiegt das eine oder das andere. Bei mir überwiegt in diesen Wochen und Monaten das Nehmen.

Eine schwierige Frage stellt sich uns in diesen Tagen noch, eine Frage, bei der unsere Freunde auch wieder eine Rolle spielen. Björn hat, bevor all die Dinge rund um die Schwangerschaft passiert sind, eine Reise nach Amerika geplant. Er ist von Leuten der Southern Baptist Church eingeladen worden, sich gemeinsam mit ihnen Gedanken über die Kirche in einer postmodernen Welt zu machen. Das ist eine fantastische Möglichkeit für ihn und ich wünsche mir so sehr, dass er gehen kann. Doch ich liege hier immer noch auf meinem grünen Klippan-Sofa und darf gerade mal allein auf die Toilette gehen. Allein schaffe ich diese zehn Tage definitiv nicht. Zudem ist Amerika nicht gerade um die Ecke. Sollte irgendetwas mit dem Kind oder mir sein, dann sitzt Björn in Texas und braucht viele, viele Stunden, um bei mir zu sein. Wir sehen das sehr realistisch: Im schlimmsten Fall ist das Kind – was das Sterben angeht, denken wir zu diesem Zeitpunkt noch nicht an meine Person – gestorben, bis er wieder in Karlsruhe angelangt ist. Wir überlegen hin und her, wägen ab, spielen Möglichkeiten durch, schwanken zwischen „Nein, auf keinen Fall, wir sind doch nicht verrückt" und „Klar, warum eigentlich nicht, sind doch nur zehn Tage". Am Ende machen wir es davon abhängig, ob wir jemanden finden, der sich in dieser Zeit um mich kümmern könnte, und tatsächlich geben uns zwei unserer Freundinnen grünes Licht. Sie werden mich mit Essen versorgen und bei mir übernachten, falls etwas geschehen sollte. Wir entscheiden uns für Amerika.

Am Tag des Abflugs geht es mir mit dieser Entscheidung allerdings gar nicht mehr gut. Ich habe Angst. Am liebsten würde ich alles abblasen, doch die Entscheidung steht, der Flug ist gebucht, die Reiserücktrittsversicherung abgeschlossen – und Björn steht mit gepacktem Koffer an der Tür. Wir haben keine Ahnung, was auf uns zukommen wird. Vielleicht geht alles gut, vielleicht aber auch nicht. Es ist ein Risiko. Ich hoffe und bete, dass sich all die Opfer und Strapazen lohnen und Björn eine gute und wichtige Zeit in Amerika verbringen wird. Die Tür fällt ins Schloss und ich weine. Die Angst wird unerträglich, nimmt überhand. In diesem Zustand befand ich mich in den letzten Wochen einfach zu oft. Ich fühle mich allein, irgendwie verlassen, so klein auf meinem Sofa. Gott ist da, das weiß zumindest mein Kopf. Aber in diesem Moment fühle ich es nicht wirklich. Und doch klammere ich mich gleichzeitig an ihn, bitte ihn, Björn auf dem Flug und in Amerika zu bewahren, bitte ihn darum, dass mir und dem Kind in dieser Zeit nichts passiert. Ich glaube, davor habe ich am meisten Angst. Dass etwas mit dem Kind geschieht und wir uns unsere Entscheidung für diese Reise niemals verzeihen können, wir auf ewig mit uns hadern. In all diese Gedanken bin ich versunken, als zum Glück unsere Freundin kommt, um nach mir zu sehen und mich abzulenken. Endlich nicht mehr nachdenken. Am Abend beschließen wir, uns einen netten Filmabend zu machen – „Vom Suchen und Finden der Liebe“ – und legen die Beine hoch – was ich ja sowieso schon seit Wochen mache. Es ist der erste Abend ohne Björn.

Irgendwann während des Films muss ich zur Toilette – und habe wieder ein Blutung. Ich kann es nicht glauben. Stehe unter Schock. Was soll ich jetzt machen? Die Blutung ist nicht so stark wie beim letzten Mal und im Krankenhaus hatten sie mir gesagt, dass es immer mal wieder zu einer Blutung kommen könnte, wenn die Gebärmutter wächst, da meine Plazenta zu tief sitzt. Ich habe Angst und versuche gleichzeitig, mir keine Sorgen zu machen. Was nicht funktioniert. Ich schicke Björn eine SMS, die er erhält, als er gerade auf amerikanischem Boden gelandet ist. Herzlich willkommen! Danach telefoniere ich mit meiner Hebamme. Sie versucht mich zu beruhigen, sagt, dass ich am Montag zu meiner Ärztin gehen solle, wenn die Blutung nicht schlimmer wird. Es ist Samstag – also einen langen Tag warten. Aber ich spüre, wie sich das Baby in mir bewegt, und werde ruhiger. Zumindest versuche ich es.

Den Sonntag bringe ich mit Besuchen und Ablenkung mehr schlecht als recht hinter mich und fahre am Montag mit meiner Freundin sofort zu meiner

Ärztin – die in Urlaub ist. Da es sich um eine Gemeinschaftspraxis handelt, werde ich an die nette Kollegin verwiesen, die mit ihren Patienten allerdings etwas energischer umspringt, als ich es von meiner Ärztin gewohnt bin. Sie macht mir Vorwürfe, dass ich nicht sofort ins Krankenhaus gefahren bin und dass ich mir noch keine Thrombose-Strümpfe besorgt hätte, wenn ich doch so viel liegen müsse. Ich werde immer kleiner. Diese Frau kann einem Angst machen. Und dann sagt sie die Worte, die ich nicht hören will: „Ich rufe jetzt einen Krankentransport, und dann werden Sie ins Krankenhaus gebracht. Die haben bessere Ultraschallgeräte und können dem Ganzen besser auf den Grund gehen." Krankenhaus. Björn in Amerika. Und ich im Krankenhaus. Damit hatte ich nicht gerechnet. Ich bin sauer auf die Ärztin. Warum nur ist meine im Urlaub? Ich habe nicht mal mehr Zeit, nach Hause zu fahren und ein paar Sachen zu packen, das muss alles meine Freundin übernehmen, die im Wartezimmer sitzt und noch nichts von ihrem Glück weiß. Ich werde in ein anderes Praxis-Zimmer gebracht, damit ich auf den Krankentransport warten kann, und nutze die Zeit, um meiner Freundin eine Liste mit Dingen zu diktieren, die ich unbedingt brauche – plus Lageplan, damit sie sie auch findet. Und dann muss ich auch noch schauen, dass ich jemanden finde, der sich um unseren Hamster kümmert. Wie dankbar bin ich in diesem Moment für die modernen Kommunikationsmittel – und meine Freunde. Ich weiß, dass ich mich auf sie verlassen kann. Freunde zu haben, die extra zu mir nach Hause fahren und meinen Hamster samt Zubehör – was eine Menge ist – abholen, Freunde, die mir Kleidung, Bücher und Schokolade ins Krankenhaus bringen, solche Freunde sind unendlich wertvoll. Jetzt stehe ich nur noch vor dem Problem, Björn Bescheid zu geben, dass sich unsere Pläne geändert haben. Ich rufe einen Freund an, von dem ich weiß, dass er mit Björn chatten kann, falls dieser online ist. Und so liege ich in der Frauenarztpraxis auf einer Liege, telefoniere mit dem Handy mit unserem Freund, der wiederum mit Björn chattet, der in Amerika sitzt. Für Björn ist die Situation sehr schwer. Er kann nicht direkt mit mir sprechen, nur über unseren Freund; er weiß, dass ich wieder auf dem Weg ins Krankenhaus bin, und kann mir nicht helfen. Jetzt bekommen wir es wirklich zu spüren – Amerika ist nicht um die Ecke.

Bald kommt der Krankentransport und ich werde mit einem Rollstuhl zum Krankenwagen gebracht. Wieder gucken alle – erst in der Praxis, dann im Treppenhaus, dann auf der Straße. Ich mag nicht mehr begafft werden wie eine Attraktion. Ich bekomme eine Ahnung davon, wie es Menschen gehen muss, die gezwungen sind, ihr Leben im Rollstuhl zu verbringen. Ob man sich an diese Blicke jemals gewöhnen kann? Die Fahrt geht diesmal schneller, wir sind ja bereits in der Nähe des Krankenhauses und ich werde gleich von einer freundlichen Hebamme betreut. Ein weiterer Ultraschall bringt letztlich Gewissheit: Dem Kind geht es gut, aber die Blutung ist kritisch, sodass ich auf unbestimmte Zeit im Krankenhaus bleiben muss. Ich bin traurig, versuche es aber positiv zu sehen: Eine so gute und sichere Versorgung wie im Krankenhaus hätte ich zu Hause niemals haben können. Wenn noch etwas passieren sollte, dann ist hier der Platz, an dem mir am schnellsten geholfen werden kann.

Auf meinem Zimmer, diesmal ein vollbelegtes Vierbettzimmer, merke ich, wie hungrig ich bin, und stürze mich gierig auf den Milchreis mit leckerem Zimtzucker, den eine Schwester mir bringt. So schlecht ist das Krankenhausessen gar nicht. Und dann liege ich da und habe Zeit zum Nachdenken. Meine Freundin ist noch nicht wiedergekommen und ich merke, wie allein ich mich nun doch fühle. Ich vermisse Björn, und die Tatsache, dass er nicht nur in Hamburg, sondern in Amerika ist, macht das Ganze nicht einfacher. Wir können nicht mal eben telefonieren, allein schon wegen der Zeitverschiebung. Ich bin dankbar, als meine Freundin mir meine Sachen bringt. Und nicht nur sie kommt. Wieder bin ich froh über die Möglichkeiten der modernen Kommunikation – und meine Freunde. Björn hat in das Internet-Forum unserer Gemeinde geschrieben, dass ich im Krankenhaus liege und er von Amerika aus nichts machen kann. Und prompt stehen ein paar unserer Freunde vor meinem Krankenhausbett. Ich bin noch keine drei Stunden im Krankenhaus und schon habe ich Besuch. Das ändert sich während des gesamten Krankenhausaufenthalts nicht. Ich glaube, anders hätte ich diese Zeit auch nicht so gut überstanden. Björn und ich überlegen dennoch, ob er nicht am besten sofort zurückkommen sollte, doch auch meine Eltern sagen, dass sie zu mir kommen werden, und so kann Björn noch etwas beruhigter in Amerika bleiben. Für das Kind besteht im Moment keine Gefahr und nirgends werde ich so gut und sicher betreut wie hier im Krankenhaus. Also bleibt Björn in Texas.

Die erste Nacht ist alles andere als erholsam. Eine meiner Bettnachbarinnen fürchtet sich scheinbar im Dunkeln und lässt die ganze Nacht das Licht an. Zudem scheine ich eine defekte Infusionspumpe erwischt zu haben, über die ich Wehenblocker und Magnesium verabreicht bekomme. Alle halbe Stunde fängt sie aus unerklärlichen Gründen an, laut zu piepsen, sodass alle Zimmernachbarn wach sind und die Nachtschwester schon völlig verzweifelt ist. Hinzu kommt, dass ich jedes Mal erst den Netzstecker ziehen und das Gerät mit mir mitrollen muss, wenn ich zur Toilette will, und das fast zehn Tage lang. Es gibt Dinge im Leben, die lernt man erst nach solchen Erfahrungen wieder neu zu schätzen. In dieser Nacht mache ich kaum ein Auge zu. Von den Medikamenten bekomme ich Herzrasen. Ich habe meinen Herzschlag noch nie so deutlich wahrgenommen, und ich empfinde das wirklich als störend – Rückenschmerzen kommen noch hinzu. Ständig verstelle ich mein elektrisches Bett, in der Hoffnung, doch noch eine bequeme Lage zu finden, aber das Hoch- und Runterfahren des Bettes macht auch wieder solchen Lärm, dass ich Angst habe, meine Zimmernachbarinnen zu stören – was ich bestimmt auch mache. Wie froh bin ich, als die Nacht endlich zu Ende ist. Zumindest so lange, bis die Schwester mit der Thrombosespritze erscheint.

Ich hasse es, untätig herumliegen zu müssen, aber noch mehr hasse ich es, in einem Krankenhaus untätig rumliegen zu müssen, in dem die Schwestern noch vor sieben Uhr mit einer Thrombosespritze kommen. So kann der Tag doch nicht gut anfangen. Noch vor dem Frühstück, das jeden Morgen das gleiche ist, da man sich einmal für eine Sorte Brötchen oder Brot entscheiden muss, kommen die Ärzte zur Visite. Jedes Mal hoffe ich, dass sie sagen, ich könne nach Hause gehen, aber das sagen sie leider nicht, denn noch immer habe ich leichte Blutungen. Ich mag schon gar nicht mehr zur Toilette gehen. Jedes Mal geht die Angst als treuer Partner an meiner Seite mit und meistens behält sie die Oberhand. Zudem haben sie bei mir doch eine Infektion festgestellt, und ich muss nun auch noch Antibiotika nehmen. Es ist seltsam, aber ein paar Tage bevor ich ins Krankenhaus gekommen bin, war ich bei meiner Ärztin gewesen, weil ich den Verdacht einer Infektion hatte, doch sie konnte nichts finden. Erst im Krankenhaus haben sie es feststellen können. Ich frage mich, was passiert wäre, wenn ich nicht eingewiesen worden wäre. Hätte man die Infektion dann überhaupt entdeckt?

Zweimal am Tag muss ich zum CTG, die ersten Tage werde ich mit dem Rollstuhl gefahren, später dann, als sich mein Zustand stabilisiert hat, darf ich auch selber laufen. Auch hier begleitet mich die Angst treu und brav. Kaum bin ich eine Etage tiefer auf der Entbindungsstation angekommen, gehe ich auf die Toilette, um zu kontrollieren, ob nicht wieder eine Blutung aufgetreten ist. Auf meinem Zimmer angekommen, ergibt sich das gleiche Spiel.

Wie gut ist es da, dass ich so viel Ablenkung durch meine Freunde habe. Eine Freundin kommt jeden Morgen mit dem Fahrrad bei mir vorbei und bringt mir einen leckeren Kakao mit – wohlgemerkt auf dem Fahrrad. Jeden Tag sind andere da, bringen mich zum Lachen, machen mit mir Witze über meine Thrombosestrümpfe und halten mich mit Schokolade über Wasser. Eine besonders gute Freundin kommt jeden Abend nach der Arbeit, begleitet mich sogar zum CTG, sitzt mit mir im Kreißsaal und hält den CTG-Sensor fest, da er immer wieder verrutscht. Ohne meine Familie und meine Freunde hätte ich diese Zeit nicht durchgestanden. Meine Eltern kommen die sechshundert Kilometer aus dem Norden heruntergefahren, um bei mir zu sein, nehmen sich extra Urlaub. Die Tage vergehen schneller, als ich es für möglich gehalten habe, und zum Glück darf ich, einen Tag bevor Björn aus Amerika zurückkommt, wieder nach Hause. Meine große Furcht, Weihnachten im Krankenhaus verbringen zu müssen, hat sich nicht erfüllt. Wie gut ist es, wieder in seinen eigenen vier Wänden zu sein, sein eigenes Bett, sein Klippan-Sofa zu haben – und wie gut ist es, dass Björn wieder da ist.

Mein Alltag geht genau so weiter, wie er vor der Amerikareise begonnen hatte: liegen, schlafen, lesen, liegen, Arztbesuche. Ich stelle fest, dass ich Gott in meinen Gebeten fast nur noch um eine Sache bitte: Lass dieses Kind gesund zur Welt kommen. Alles dreht sich in meinem Kopf um diesen einen Wunsch. Was wohl auch verständlich ist. Aber ich merke, dass sich meine Gebete von mir als Person wegbewegt haben. Ich bete nicht mehr dafür, dass das Liegen aufhören und meine Schwangerschaft wieder normal verlaufen soll. An diesem Punkt habe ich entweder resigniert oder aber die Situation akzeptiert – das hängt ganz von meiner täglichen Verfassung ab und kann stündlich wechseln. Ich bitte Gott aber auch nicht darum, dass ich selbst die Schwangerschaft heil und gesund überstehe. Die Tatsache, dass mir als Person etwas geschehen könnte, ist in meinen Gedanken einfach nicht präsent. Warum auch sollte der Mutter etwas passieren? Das kommt in der westlichen Welt heutzutage ja kaum noch vor. Ich sollte eines Besseren belehrt werden.

Und dann wird die Routine aus liegen, schlafen, lesen und wieder liegen erneut durch einen Krankenhausaufenthalt durchbrochen.

Wieder einmal werde ich ins Krankenhaus eingewiesen. Diesmal aber nicht mit Blutungen. Ich habe Schmerzen in der Seite. Zuerst denke ich, dass es sich um Wachstumsschmerzen der Gebärmutter handelt, doch da sie immer stärker werden und ich, nachdem Björn vorsichtig meinen Rücken abgeklopft hat, kaum noch stehen kann, machen wir uns wieder auf den Weg in die Klinik.

Ein Harnstau. Das Baby drückt mit seinem Gewicht den Harnleiter ab, der Urin kann aus den Nieren nicht abfließen. Prima. Vermutlich noch eine Folge einer Nierenkrankheit (Reflux), die ich als Kleinkind hatte. Wieder werde ich eingewiesen, bleibe zwei Tage im Krankenhaus, lasse Untersuchungen über mich ergehen, erfahre, dass ich eine Doppelniere habe, was aber kein Problem sei, und sehne mich nach meinem Zuhause. Ich will keine Krankenhäuser mehr sehen. Ich will diesen sterilen Medizingeruch nicht mehr in der Nase haben. Ich will in keinem Krankenhausbett mehr liegen, Thrombosestrümpfe tragen, von Thrombosespritzen geweckt werden. Ich will wieder ein normales Leben führen. Ich bestehe darauf, dass ich wieder nach Hause kann. Ich sehe keinen Grund, hierzubleiben. Meine Werte sind gut und das Essen ist zu Hause wesentlich besser.

Ich muss an unseren Urlaub in der Toskana denken. Meine Schwangerschaft erinnert mich bis jetzt doch sehr an unsere Wanderung. Ich hatte gedacht, einen geradlinigen Weg gehen zu können. Schwanger – Kontrolluntersuchungen beim Arzt – ansonsten ein normales Leben. Und nun ist es ein ständiges Auf und Ab, ein Krankenhausaufenthalt folgt dem nächsten, liegen statt herumlaufen. Zwischendrin fühlt es sich so an, als hätten wir an irgendeiner Stelle die richtige Abzweigung verpasst und müssten nur deswegen jetzt diesen chaotischen Weg gehen. Ich grüble oft darüber nach, was ich in dieser Schwangerschaft falsch gemacht haben könnte, an welcher Stelle der Fehler liegt. Wo habe ich den alles entscheidenden Wegweiser übersehen, sodass ich jetzt knietief durch den Matsch waten muss?

Houston, Texas, Oktober 2006

Björn

Manchmal fühlt man sich wie zwischen einem Hammer und einem Amboss. Und obwohl man am Ende eine Entscheidung treffen muss, weiß man, dass diese Entscheidung immer falsch sein wird.

So war es, als ich die Einladung bekam, mit einigen Freunden nach Houston zu fliegen. Eingeladen wurden wir von einer Organisation der Southern Baptists, die Flugkosten wurden übernommen und für die Unterbringung war auch gesorgt: Alles in allem war es eine tolle Einladung. Dass wir als Ehepaar eine so komplizierte und ganz und gar nicht „normale" Schwangerschaft erleben würden, war damals noch nicht klar. Sollte ich diese Einladung jetzt ablehnen?

Nach langen Kämpfen entscheiden Mirja und ich uns gemeinsam dazu, dass ich die Einladung annehmen soll. Mein Flugschein liegt neben der Reiserücktrittsversicherung in der Tasche und ich fahre mit mulmigem Gefühl im Bauch wieder einmal zum Frankfurter Flughafen. Jeder Versuch, mich irgendwie zu beruhigen, scheitert. Mirja und dem Kind geht es gut, sie muss nach wie vor liegen, aber wir haben für die Zeit Freunde eingeladen, die ihr zur Hand gehen und ihr Gesellschaft leisten werden. Trotzdem: Ich werde nicht da sein. Die letzten Monate sind schwer gewesen – ich musste arbeiten, unser Haushaltsleben organisieren, hatte Sitzungen, sowohl am Abend als auch am Morgen, und dabei immer im Hinterkopf, dass Mirja allein zu Hause liegt. Drei „Liegeplätze" haben wir ihr eingerichtet – einen im Schlafzimmer, einen im Wohnzimmer und einen im Arbeitszimmer, damit sie wenigstens etwas „Abwechslung" hat. Einmal bin ich bereits aus einem Vorbereitungstreffen geholt worden, weil Mirja Blutungen hatte. Meine Beziehung zu meinem Handy in diesen Tagen ist katastrophal – ich schaue wie ein Junkie auf das Display, gerate in Furcht, wenn eine Nachricht angezeigt wird, und fühle mich erlöst, wenn es keine Schreckensmeldung ist.

Wir befinden uns während dieser Schwangerschaft permanent im Ausnahmezustand, und mitten in diesem Ausnahmezustand mache ich jetzt Anstalten wegzufahren, wegzufliegen, besser gesagt. Der Flug über den Atlantik soll etwa sieben Stunden dauern, danach müssen wir umsteigen und noch ungefähr drei Stunden nach Houston weiterfliegen. Der Flug selbst ist überhaupt nicht anstrengend. Eine sehr nette, irgendwie mütterlich wirkende Flugbegleiterin der amerikanischen Fluggesellschaft hat mir wohl angesehen, dass ich unter Strom stehe, und sich mit den Worten „Ich bin hier, um Ihnen diesen Flug so angenehm wie möglich zu machen" vorgestellt. Manchmal braucht man im Niemandsland zwischen den Wolken genau diese Worte und eine Person, die sie dann auch noch wirklich in die Tat umsetzt. Dann kommt der Touchdown in Houston, wir werden von freundlichen Menschen in Empfang genommen, ich schalte mein Handy ein und bekomme eine kalte Faust in den Magen geschlagen – „habe wieder Blutungen, muss klären, ob ich ins Krankenhaus muss". Mir ist zum Heulen zumute. Vielleicht ist dies einer jener Momente, in dem man die ganzen Entscheidungen seines bisherigen Lebens wegwerfen möchte. Ich bin auf der anderen Seite des Globus und Mirja und das Kind sind in Gefahr. Ich muss gestehen, dass ich keine demütigen, tränenreichen Fürbitten hervorgebracht habe, sondern eher eine Hasstirade. Wie kann Gott nur ein derartig schlechtes Zeitgefühl haben? Er hat doch gewusst, dass ich hier sein würde. Und zugleich merke ich, dass sich meine Wut mehr auf mich selbst als auf Gott richtet – wie kann ich hier sein, obwohl ich damit rechnen musste, dass so etwas geschehen könnte?

Mirja ist diejenige, die in dieser Zeit die besten und ruhigsten Entscheidungen trifft. „Bleib", schreibt sie mir, als könne sie meine Gedanken lesen, auch wenn ich am anderen Ende der Welt bin. „Wir kriegen das hier hin – es besteht auch keine akute Gefahr – ich werde aus Vorsicht ins Krankenhaus eingewiesen." Ich glaube, trotz meiner Gefühlslage bin ich noch nie so stolz auf meine Frau gewesen wie in diesem Moment. Dass ich trotz allem mit den Gedanken bei ihr bin und es auch die ganze Zeit bleibe, kann man an einer einfachen Tatsache ablesen: Ich verlasse die Europäische Zeitzone nicht wirklich – mein Freund richtet mir eine Internetmöglichkeit ein, mit der ich kostenfrei von einem Computer aus im Krankenhaus in Karlsruhe anrufen kann. So telefonieren wir mehrmals am

Tag. Ich erlebe in Amerika interessante Leute, rede mit unterschiedlichen Menschen über Veränderungen in der amerikanischen Kirchenszene, sehe den Reichtum und Überfluss der texanischen Gesellschaft (es gibt in Houston ein Einkaufszentrum, das eine Eislaufbahn eingebaut hat), während Mirja im Krankenhaus am Wehenhemmertropf hängt. Es ist irgendwie seltsam, vielleicht seltsam richtig. Mirja merkt, dass sie das durchsteht, viele, viele Freunde besuchen sie Tag um Tag, eine spezielle Freundin ist in dieser Zeit einfach jeden Tag da. Was für eine Erfahrung! Nie macht sie mir Vorwürfe, weder am Telefon noch in den Tagen nach meiner Rückkehr, bis heute. Ich bin wirklich glücklich, als ich zu Hause ankomme. Mirja ist wieder in unserer Wohnung und irgendwie ist alles beim Alten und doch auch leider nicht. Sie ist wirklich im Krankenhaus gewesen, ich war wirklich in dieser Zeit weg, und alle guten Erwartungen wurden enttäuscht.

Dezember 2006/Januar 2007

Mirja

Die Arztbesuche sind inzwischen fast zu einer willkommenen Abwechslung geworden, immerhin komme ich auf diese Weise mal aus der Wohnung. Aufgrund der vielen Komplikationen, die bisher bei meiner Schwangerschaft aufgetreten sind, hat meine Ärztin beschlossen, mich mit dem Krankenhaus gemeinsam zu betreuen. Nun bin ich alle zwei Wochen in der „Schwangeren-Ambulanz“ des Städtischen Krankenhauses. Hier sind die Geräte besser und neuer und die Ärzte haben mehr Erfahrungen mit solchen „Fällen“. Doch die Meinungen über meinen Zustand gehen auch hier auseinander. Bei meinem ersten Besuch untersucht mich der Oberarzt höchstpersönlich: Die Plazenta sitzt tief, eine normale Geburt ist vermutlich nur schwer möglich. Bei meinem zweiten Arzttermin im Krankenhaus untersucht mich ein anderer Arzt. Er macht nur einen Bauch-Ultraschall und kommt zu dem Ergebnis, dass zwar die Plazenta tief sitze, aber nicht so tief, dass keine normale Geburt möglich sei. Vielleicht habe sie sich in den letzten Wochen sogar doch ein Stück nach oben verlagert. Ich solle zu Hause auf Wehen warten, bei einer Blutung aber natürlich sofort ins Krankenhaus kommen.

Nach diesem Arztbesuch bin ich selig. Das ist genau das, was ich mir gewünscht habe. Eine normale Geburt. Meine Ärztin gibt mir nach dieser Untersuchung sogar grünes Licht für einen Kino-Besuch. Ich kann es nicht glauben. Kino! Ich bin so aufgeregt und doch auch so unsicher. Wir machen uns tatsächlich auf den Weg ins Kino, doch die ganze Zeit habe ich Angst, wieder Blutungen zu bekommen. Ständig renne ich zur Toilette und versuche im Kinosessel möglichst entspannt zu sitzen – oder besser gesagt – zu liegen. Heraus kommt eine absolut verkrampfte Körperhaltung, da ich ständig versuche, keinen Druck auf den Muttermund und auf die Plazenta auszuüben. Entspannt sitzen ist etwas anderes. Trotz allem genieße ich diesen Abend, meinen Freigang. Alles geht gut – ich habe keine Blutungen.

Ich organisiere in diesen Wochen sogar noch einen Lese-Event für das NUN-Café, ein Projekt unserer Gemeinde. An dem Abend fahre ich mit Björn zusammen zum NUN – und lege mich erst mal auf die Sofas, die dort glücklicherweise stehen. Diesen Platz verlasse ich den ganzen Abend nicht, während andere die Geschichten vortragen, die ich in den letzten Wochen auf meinem Sofa zu Hause liegend ausgewählt hatte. Wieder komme ich mir so unglaublich dumm vor. Im NUN-Café auf einem Sofa liegend. Nicht jeder der Besucher kennt meine Geschichte, mag sich vielleicht fragen, warum ich da so herumlümmle. Auch dieser Abend, dieser Freigang, tut mir gut, die Angst ist allerdings wieder an meiner Seite. Was, wenn doch eine Blutung auftritt? Ich mag nicht daran denken und bin erleichtert, als es nicht so ist.

Zu diesem Zeitpunkt ahne ich noch nicht, in welcher Gefahr ich an diesen beiden Abenden schwebe.

Ein paar Wochen später müssen wir dann wieder ins Krankenhaus – gleicher Wochentag, derselbe Arzt. So war es mit der Krankenschwester vereinbart. Doch morgens um acht Uhr ruft uns das Krankenhaus an und sagt, dass aufgrund des großen Schneechaos – in diesem Winter gab es nur an einem einzigen Tag Schneechaos und vielleicht hat es mir das Leben gerettet – die Ärzte nicht pünktlich in der Klinik erscheinen würden. Die Schwester will wissen, ob wir den Termin auf morgen verschieben können. Sicher, kein Problem.

Am nächsten Tag fahren wir in die Klinik, und diesmal ist es wieder der Oberarzt, der mich untersucht. Am Tag davor wäre es wohl sein optimistisch denkender, mir aus dem Herzen sprechender Kollege gewesen. Ganz im Gegensatz zum Oberarzt. Denn dieser macht keinen Bauchschall, sondern einen Vaginalschall und stellt fest, dass sich direkt am Muttermund ein sehr großes Blutgefäß befindet. Wenn dieses aufgrund von Wehen zu bluten beginnt, wäre sowohl das Leben des

Babys als auch mein Leben in Gefahr. „Sollte dieses Gefäß bei Ihnen zu Hause anfangen zu bluten, schaffen Sie es nicht mehr rechtzeitig in die Klinik.“ Das sitzt. Wir überlegen, ob wir für die letzten Tage bei Freunden einziehen, die direkt neben dem Krankenhaus wohnen, doch der Arzt nimmt mir jegliche Illusion. „Sie schaffen es auch nicht, wenn Sie neben der Klinik wohnen.“ Bleiben nur zwei Möglichkeiten: Ich lasse mich bereits jetzt ins Krankenhaus einweisen und warte unter Beobachtung auf den Geburtsbeginn, oder ich lasse so rasch wie möglich einen Kaiserschnitt machen. Ich bitte den Arzt um eine Empfehlung, doch die darf er mir nicht geben, damit ich ihn später nicht verklagen kann, falls etwas schiefgeht. Aber er macht mir seine Meinung indirekt sehr deutlich, indem er mir nochmals die Risiken aufzählt. Selbst wenn ich in der Klinik auf die Geburt warten würde, wäre – falls es nachts zu einem Notfall kommt – nur eine Notbesetzung im Haus. Wie wichtig dem Arzt die ganze Situation ist, merken wir schon daran, dass er mit uns extra noch einmal den Behandlungsraum wechselt, als der andere gebraucht wird, um mit uns in Ruhe zu sprechen – trotz eines vollen Wartezimmers.

Wir entscheiden uns für den Kaiserschnitt. Es ist Donnerstag, am Freitag muss ich in die Klinik für die Voruntersuchungen, am Montag soll unser Baby geholt werden. Der Arzt vergewissert sich noch bei Björn, dass ich auch das ganze Wochenende immer eine Betreuung habe und nicht allein zu Hause bin – es scheint wirklich ernst zu sein. Als wir das Arztzimmer verlassen, stehe ich etwas neben mir, bin unsicher. Der andere Arzt hatte doch behauptet, dass alles so gut aussähe, dass einer normalen Geburt nichts im Weg stünde. Und jetzt das. Ich bin gerade noch so klar im Kopf, dass ich mir ausrechnen kann, dass unser Baby am 29. Januar zur Welt kommen wird, genau wie Björns Schwester und ihre Zwillinge. Das würde ihr gar nicht gefallen, sie hatte uns schon im Spaß gedroht.

Am nächsten Tag sind wir wieder in der Klinik. Wieder wird ein CTG gemacht und mir Blut abgenommen, damit für den Fall einer Bluttransfusion schon mal der Kreuzungstest gemacht werden kann. Ich liege auf der Liege, höre die Geräusche des CTG und fülle einen von diesen Frage- und Aufklärungsbögen aus, die man vor einer OP eigentlich lieber nicht sehen möchte. Alle Risiken, haarklein aufgelistet. Ich bekomme Angst, und doch denke ich, dass mir schon nichts passieren wird. Bisher ist mir nie etwas passiert, das ist reine Routine, die müssen mich darüber aufklären. Es wird mich schon nicht treffen, so etwas ist so selten, und wenn, trifft es eher die anderen. Oder doch nicht? Ich habe ein Gefühl, eine Ahnung, eine Angst, die ich nicht beschreiben kann. Bei einem Punkt des Fragebogens muss ich bei der Ärztin nachhaken. Was soll das heißen, es könne sein, dass man aufgrund von Komplikationen keine weiteren Kinder bekommen könne? Kommt so etwas häufig vor? Ist die Gefahr groß? Doch die Ärztin winkt ab. So etwas sei sehr selten. Sie arbeite nun schon seit sechs Jahren in diesem Krankenhaus und bei ihr sei das noch nie vorgekommen. Sie lächelt, aber beruhigt bin ich nicht.

29. Januar 2007, 6:30 Uhr

Björn

Ich nehme den gepackten Koffer in die Hand. In ihm liegen unter anderem die von Mirja sorgfältig zusammengelegten Babykleider. So klein. 50 und 56 sind die Anfangsgrößen. Als etwas übergewichtiger, großer Mann habe ich kaum eine Vorstellung davon, wie ein Wesen so klein sein kann. Mirja hat mir diese Kleider immer wieder gezeigt und es war ihr sehr wichtig, all das einzupacken. Sind wir bereit? Ich fühle mich unsicher, habe Angst und versuche dennoch Stärke zu zeigen. Mirja weiß es aber besser.

Ich gehe die Treppe hinunter – langsam diesmal. Vor drei Tagen bin ich die Stufen hinuntergestürzt und mein Allerwertester erzählt mir immer noch bei jeder Bewegung, dass er nicht dafür gedacht war, als Auffangkissen zu dienen. Mirja kommt die Treppe herunter. Sie sieht müde aus und ihr Bauch ist riesig geworden. Diesen Bauch wachsen zu sehen, war für mich eines der schönsten Erlebnisse dieser so schwierigen Schwangerschaft. Er wächst. Und wächst. Wie schön sie ist. Ich erinnere mich an eine Fotosession, zu der ich sie überredet habe. Sie durfte sich nicht viel bewegen, also habe ich sie liegend fotografiert. Als Beleuchtung haben wir alle Lampen der Wohnung zusammengetragen, um genug Licht zu haben. Als ich diese Fotos gemacht habe, ist irgendwo in meinem Kopf der Gedanke aufgekommen, dass ich etwas ganz Besonderes festhalte. Am Anfang war ihr Bauch nur ein sanfter Hügel, später wurde er zu einem wunderschönen Schwangerenbauch. Ich weiß, dass die Veränderungen im Körper einer Frau mit der Versorgung des

Kindes zu tun haben, aber irgendetwas ist mit meiner Wahrnehmung passiert: Mirja ist zur schönsten Frau und zur schönsten Schwangeren überhaupt geworden. Das ging sogar so weit, dass ich in einen ihrer Lieblingsläden reingegangen bin und schlicht zu dem (männlichen!) Verkäufer gesagt habe: Ich möchte etwas Extravagantes kaufen für meine Frau, die auf dem Sofa liegen muss (es war übrigens keine Unterwäsche, um das gleich klarzustellen!). Eine Hose und ein Shirt waren das Ergebnis, Kleidung, die sie immer noch trägt. Ich hatte das Gefühl, dass ich sie ehren muss für das, was sie für unser Kind getan hat. Und ich bin so stolz auf meine Frau – sie hat so lange Wochen und Monate gelegen, sie, die kaum fünf Minuten stillsitzen kann. So lange unbeweglich, um unser Kind zu beschützen. Nun geht sie die letzten Treppenstufen hinunter, hält sich am Geländer fest. Draußen ist es immer noch kalt, es liegt Schnee. Ich denke: „In eine kalte Welt wirst du geboren, Emilia!" Wir steigen in den kleinen grünen Polo und fahren los. Die Dunkelheit der Straße wird durch die Scheinwerfer durchschnitten – wieder dieser Kloß im Hals. Bald wird es doch so weit sein. Ich hatte eine E-Mail an fast alle Freunde geschickt und darum gebeten, dass sie für uns beten. „Bald", flüstert es in meinem Kopf. Wir fahren über die Stadtautobahn. Ich nehme die Straße kaum wahr. Wir unterhalten uns gedämpft. Der Weg zum Krankenhaus ist merkwürdig lang; ich spüre, wie meine Ungeduld wächst. Parken. Aufzug. Anmeldung. Ich stelle unseren Koffer ab. Wir sind da.

29. Januar 2007, 5:30 Uhr

Mirja

Die Nacht ist lang gewesen. Ich hatte mich schon seit Stunden in meinem Bett herumgewälzt, was nicht nur daran lag, dass mir nun, zum Ende meiner Schwangerschaft, der dicke Bauch zu schaffen macht. Heute soll meine Tochter zur Welt kommen – ein geplanter Kaiserschnitt. Ich hatte es mir so komplett anders gewünscht, immer von einer natürlichen Geburt geträumt, mit sanftem Licht und angenehmen Gerüchen, am besten in einem dieser Geburtshäuser. Jetzt soll sie in einem OP zur Welt kommen, von einem Arzt unsanft ins Leben geholt. Nach den schwierigen Wochen und Monaten sehe ich der Geburt mit Hoffnung entgegen. Endlich soll alles vorbei sein und ein neuer Lebensabschnitt beginnen, voller Glück und Freude. Alle Schwierigkeiten würden vergessen sein und die Zukunft vor uns liegen.

Doch ganz tief in mir flüstert eine leise Stimme Zweifel und Ängste in mein Ohr: „Bist du dir sicher, dass mit der Geburt alles gut gehen wird? Was ist, wenn es Komplikationen gibt nach dieser schwierigen Schwangerschaft? Immerhin haben die Ärzte schon Blutkonserven bereitgelegt. Ist das wirklich nur reine Routine? Haben wir die richtige Wahl getroffen, indem wir uns für einen geplanten Kaiserschnitt entschieden haben, wäre eine normale Geburt nicht doch möglich gewesen?“

All das geht mir durch den Kopf, während ich dusche und mich anziehe. Draußen ist es noch dunkel und kalt. Wir haben Januar, Montag früh um sechs – um sieben sollen wir in der Klinik sein. Während ich in der Küche sitze – frühstücken darf ich ja nichts mehr –, höre ich meinen Mann nebenan im Bad ein altes Lied der Volksmusik trällern: Der Papa wird's schon richten.

Ab diesem Zeitpunkt hat er aber wohl nichts mehr in der Hand.

Wir nehmen die gepackte Reisetasche und machen uns auf den Weg ins Krankenhaus. Wenn wir wiederkommen, wird nichts mehr so sein wie früher. Wir werden zu dritt sein, aber ich ahne noch nicht, wie sehr sich unser Leben verändern wird.

29. Januar 2007, 7:00 Uhr

Mirja

Es ist immer noch dunkel, als wir im Krankenhaus ankommen. Wir fahren mit dem Fahrstuhl auf die Entbindungsstation und melden uns im Kreißsaal an. Im Wartebereich sitzen schon andere Pärchen und warten auf den Beginn der Vorbereitungen für den Kaiserschnitt. Montag ist Kaiserschnitt-Tag, das geht hier streng nach Zeitplan. Wir schließen unsere Taschen und Jacken in einem Schließfach ein, denn noch haben wir keine Ahnung, wie es weitergehen wird, und so warten wir erst einmal ab. Gewartet haben wir in dieser Schwangerschaft zwar schon mehr als genug, doch wir dürfen uns nun noch ein wenig weiter darin üben. Warten. Warten. Unruhe verdrängen. Positiv nach vorne blicken. Und wieder warten. Endlich holt mich eine Hebamme ab und nimmt mich mit in den Kreißsaal, um mir schon einmal einen Zugang zu legen. Danach geht es noch mal auf das Stationszimmer und dann heißt es wieder – warten. Ich hänge bereits am Tropf und vertreibe mir die Zeit damit, ständig auf Toilette zu rennen, um die Flüssigkeit, die man mir über die Nadel in den Körper schickt, wieder loszuwerden. Neben mir liegt eine Frau, die bereits letzte Nacht entbunden hat. Es erscheint mir so unwirklich, dass ich in ein paar Stunden genau wie sie mein Kind in den Armen halten werde.

Die Zeit scheint stillzustehen. Eigentlich hätten wir schon längst dran sein müssen, aber scheinbar ist den Ärzten etwas dazwischengekommen. Nach sieben Stunden Warten kommt endlich die Schwester und fährt mich in meinem Bett zum Kreißsaal, um mir einen Katheter zu legen. Was habe ich mich im Vorfeld davor gefürchtet. Ein Katheter! Hätte ich gewusst, was noch auf mich zukommen sollte, ich hätte über diese Kleinigkeit nur gelacht. Ein Katheter, pah! Man schiebt mich vor die geöffnete OP-Tür. Im Inneren sehe ich geschäftige grüne Gestalten, die den Raum noch ordentlich putzen und alles bereitlegen. Nun kann es wohl losgehen ...

* * *

Da liege ich nun vor der Tür des OPs und habe ein mulmiges Gefühl. Kaiserschnitte sind schon tausende Male gemacht worden und doch ahne ich, dass die Situation bei mir eine andere ist – es ist einfach nur eine Ahnung.

Endlich kommt die Hebamme auf mich zu und führt mich in den Kreißsaal – zu Fuß. Ich fühle mich, als würde ich zur Schlachtbank geführt. Warum nur bin ich so unruhig? Klar, jeder ist nervös, wenn er weiß, dass gleich sein Bauch aufgeschnitten wird, um ein Baby daraus hervorzuholen. Aber ich verspüre eine solche Unruhe und Angst. Diese Gefühle können nicht nur vom geplanten Eingriff herrühren. In den letzten Wochen ist so oft irgendetwas in mich hineingestochen worden, dass die OP selbst jetzt auch nicht mehr so schlimm sein sollte. Und doch – die Unruhe, die Panik ist da.

Björn muss sich erst noch umziehen, und so sitze ich allein zwischen all den Ärzten und Schwestern auf meiner Liege und bekomme Kabel angeklebt und die Periduralanästhesie gesetzt. Alle sind guter Stimmung und erzählen sich Geschichten vom Wochenende, doch ich fühle mich so allein wie vielleicht noch nie zuvor in meinem Leben. Irgendetwas passiert hier mit mir, ich kann es nicht greifen, habe einfach nur Angst. Seit Monaten habe ich auf diesen Moment hingefiebert, doch ich hatte ihn mir so komplett anders gewünscht und ausgemalt. Nun will ich all das nur noch hinter mich bringen. Irgendwie da durchkommen. Ich liege auf dem OP-Tisch, bekomme meinen Bauch mit Jod eingepinselt und warte auf das, was nun kommen wird.

* * *

Nach einer gefühlten Ewigkeit ist Björn wieder an meiner Seite. Er macht noch Witze über das tolle Kopfkissen, das ich auf meinem OP-Tisch liegen habe, und ehe ich richtig begreife, was hier vor sich geht, merke ich, wie an meiner Bauchdecke gezogen wird. So schnell habe ich gar nicht damit gerechnet. Wenig später hält der Arzt mir meine Tochter vor das Gesicht. Ein kleines, gesundes Wunderkind, das nicht die Menge an Haaren auf dem Kopf hat, die ich erwartet hatte, und das nach Meinung der Medizin jetzt eigentlich gar nicht hier sein dürfte – leere, deformierte Fruchthülle.

Ich bestaune noch dieses kleine, perfekte Wesen, als ich merke, wie mir schlecht wird. Der Anästhesist reagiert sofort und schickt Björn mit unserer Tochter nach draußen. Wenig später geht es mir nach einer Medikamentengabe wieder besser. Der operierende Oberarzt sagt mir noch, dass meine Entscheidung für den Kaiserschnitt genau richtig gewesen sei, er habe noch nie eine derartig gut durchblutete Plazenta gesehen. Wenn es da zu einer Blutung gekommen wäre ... Er verlässt den OP, bereitet sich auf den nächsten Kaiserschnitt vor – das geht hier wie am Fließband. Geburtenfließband.

Die Assistenzärztin beginnt damit, meine Wunde zu versorgen. Reine Routine.

* * *

Sie ist bereits zugenäht, als die Assistenzärztin eine Blutung bemerkt. Sofort holen sie den Oberarzt wieder in den OP zurück, und gemeinsam mit zwei weiteren Ärzten versuchen sie, die Blutung zu stoppen. Sie werfen sich auf meinen Bauch, drücken die Blutung ab, wollen sie so zum Stillstand bringen. Nichts hilft, nichts funktioniert. Das Blut läuft weiter ungehindert aus mir heraus. Langsam wird es brenzlig, ich verliere einfach zu viel Blut. Es wird nötig, die Blutkonserven anzufordern. Mit einem derartigen OP-Verlauf hatte keiner der Ärzte gerechnet. Für sie war es eine Routineoperation – zwar mit einem gewissen Risiko aufgrund der Vorgeschichte, aber eben doch Routine.

Schließlich entscheiden sie sich dazu, die Naht von Neuem zu öffnen.

Die ganze Zeit über bin ich sehr ruhig. Ich habe Schmerzen – keine Frage –, ich zerquetsche dem Anästhesieassistenten fast die Hand, ich dämmere immer wieder weg und fühle doch Frieden in allem. Gott ist da, das merke ich. Ich habe keine Todesangst, fühle mich eher wie bei einem sehr unangenehmen Zahnarztbesuch, bei dem man weiß, dass es schmerzt, aber auch, dass bald alles vorbei sein wird und man erleichtert nach Hause gehen kann. Und doch wundere ich mich darüber, dass der Oberarzt mir nicht mehr in die Augen schaut. Der Sichtschutz war bereits entfernt worden, weil alle dachten, dass der Kaiserschnitt beendet sei. Da steht dieser Arzt, gibt die Anweisung, dass man jemand anderen verständigen solle – und guckt mir nicht in die Augen. Schaut an mir vorbei ins Leere.

Irgendwann nehme ich einen weiteren Arzt neben mir wahr – den Chefarzt. Er werde nun persönlich nach mir schauen. Ich bekomme eine Vollnarkose und bin einfach nur dankbar dafür. Endlich schlafen – keine Schmerzen mehr. Wenn ich wach werde, ist alles gut.

29. Januar 2007, 14:30-22:30

Björn

„Wie lange dauert das denn noch?“ Immer wieder die gleiche Frage in meinem Kopf. Nach dem endlosen Warten am Vormittag, dem frühen Aufstehen, diesem Zwischenzustand zwischen Noch-nicht-Eltern und Eltern-Sein, zwischen Schwanger-Sein und Kaiserschnitt mache ich gute Miene zu dem bösen, routinierten Spiel des Krankenhauses. Man müsse warten, der Ablauf in den OPs sei nicht so ganz planbar, es seien viele Operationen heute. Nun gut. Man will ja nicht drängeln. Und dann geht alles sehr schnell. Mirja und ich finden uns in den Kreißsälen wieder. Vorbereitungen. Mein Herz klopft. Jetzt wird es also bald so weit sein. Ich darf mit in den OP, Mirjas Hand halten und Ruhe und Mut ausstrahlen. Mirja wird auf der Trage vor die Tür gefahren und von der Hebamme in den OP geführt; ich muss noch im Umkleideraum vorbei. Gehetzt wechsle ich in die grüne OP-Tracht und wasche mir schnell, aber sorgfältig die Hände. Dann der OP, das grüne Tuch, Mirja, die klein aussieht unter all den Kabeln, Tüchern, der Haube. Der OP ist geschäftig. „Die machen das hier jeden Tag, das ist Routine, das geht ganz schnell ..." Ich versuche mir selbst diese bohrende Sorge und nagende Angst leichter zu machen. Der Narkoseassistent zeigt mir meinen Stuhl, ich solle nichts anfassen. Ich fasse bestimmt nichts an, außer Mirjas Hand. Was geschieht hinter diesem Tuch? Ich weiß, die Ärzte werden geschickt und geübt unser Kind aus Mirjas Bauch herausholen. Das ist mir im Moment genug Wissen. Es ist so anders, als wir gehofft hatten, aber das ist ja eigentlich schon die ganze Zeit so. Ich merke an Mirjas Hand, wie die Ärzte ihren Körper bewegen, und höre dann das Schreien oder eher das Krähen unserer Tochter. Sie wird uns gezeigt und wir wissen kaum, wie uns geschieht. Alles ist so schnell gegangen auf einmal. Unsere Tochter ist da, aber natürlich kümmern sich zuerst die Hebamme und die Ärztin um sie. Mirja muss noch zugenäht werden. Auf einmal sagt Mirja, dass ihr schlecht und schwarz vor Augen werde. Der Anästhesist befördert mich kurzerhand hinaus und sagt, dass man jetzt nach Mirja schauen werde, dass aber alles in Ordnung sei. Ich ziehe mich, so schnell es geht, um. Erst jetzt bemerke ich, wie kalt meine Finger vor Aufregung geworden sind. Ich bin Vater. Ich gehe nach nebenan und da liegt sie schon in ein Tuch gewickelt in einem fahrbaren Bett: Unsere Kleine. Ich bin fassungslos, kriege kaum ein Wort heraus. Sie ist völlig in Ordnung. Ob ich sie halten dürfe, frage ich die Hebamme, die leicht amüsiert „natürlich" sagt und mir dieses kleine Wesen in die Hand drückt. Ich soll sie mir auf den Bauch legen, und tatsächlich: kurz darauf liegt dieses noch leicht verschmierte Neugeborene auf meinem behaarten Männerbauch, schreit und reagiert auf mich. Ich rede und rede und rede mit ihr. „Hallo, ich bin dein Papa – Mama und ich haben so lange auf dich gewartet und immer wieder Angst gehabt. Aber jetzt bist du da, hier bei mir. Die Mama kommt gleich, du wirst sehen."

Nur kommt die Mama nicht. Nach einer Viertelstunde werde ich unruhig und frage das erste Mal: „Wie geht es meiner Frau?" Die Hebamme weicht aus: „Manchmal dauert es etwas länger, bis alles vernäht ist, machen Sie sich mal keine Sorgen!" In mir steigt Angst auf – meine Tochter wird langsam ungeduldig und schreit, sucht ihre Mama. Die Hebamme tupft sie etwas ab und zieht sie an, ich beginne wie ein Tiger auf und ab zu gehen. Wo ist Mirja? Ich frage wieder. Die Hebamme sagt, sie gehe mal nachschauen. Als sie wiederkommt, ist sie ernster: „Es gab Komplikationen und die Ärzte vernähen noch einmal. Das kann manchmal vorkommen – bestimmt ist sie bald da." Die Angst gewinnt die Kontrolle über mich. Ich fühle, wie ich schneller atme, leicht zittere, plötzlich ist mir eiskalt. Die Hebamme lässt uns allein – Emilia schläft. Inzwischen ist ungefähr eine halbe Stunde vergangen. Ich gehe das erste Mal auf die Knie und bete: „Herr, hilf Mirja, ich weiß nicht, was ich machen soll." Da ist es, das Gefühl der Ohnmacht. Ich schaue auf meine Hände. Ich arbeite gern mit meinen Händen und hebe gern schwere Sachen hoch, weil ich dabei fühle, wie stark diese Hände sind. Jetzt sind sie nutzlos, ausgestreckt und untätig. Nebenan ist der OP. Dort liegt Mirja jetzt und irgendetwas stimmt nicht. Ich bin mit unserer Tochter nebenan und ... und weiß nicht, was ich tun soll. Beten. Ein Kampf entbrennt in meinem Herz: „Vertrau auf Gott, es wird schon alles gut werden!" „Es ist aber schon so oft schiefgegangen in den letzten Monaten!" „Gott wird alles gut machen." „Und was, wenn nicht?" Bei diesem letzten Gedanken öffnet sich die Tür und mein Herz und meine Hoffnungen wirbeln durcheinander – Mirja?

Nein. Es ist die junge Assistenzärztin aus dem OP. „Ich will nicht drum herumreden: Ihrer Frau geht es nicht gut. Wir können die Blutung nicht stoppen, aber wir arbeiten daran. Seien Sie versichert, dass wir das in den Griff bekommen werden." „Ist ihr Leben in Gefahr?" Ihre Augen weichen den meinen aus: „Nein, so weit ist es nicht. Es dauert nur etwas länger. Wir werden das in den Griff bekommen." Ich weiß, dass sie mir nicht ganz die Wahrheit sagt, dass sie mehr ihre eigenen Hoffnungen äußert. Ich weiß, dass die Lage drüben ernst ist. Mir wird klar, dass Mirja nur ein Mensch ist und sterben kann – es ist nicht unmöglich. Eine kalte Faust fährt mir in den Magen und dreht meine Eingeweide um, meine Knie werden weich. „Ich gehe wieder rüber“, sagt die Ärztin noch und schließt die Tür. Ich gehe das zweite Mal auf die Knie in diesem Kreißsaal, diesmal mit Tränen in den Augen: „Bitte, bewahre Mirjas Leben“, hauche ich, Stimme habe ich keine mehr. Ich verliere mein Zeitgefühl und muss immer wieder auf die Uhr schauen, um zu sehen, wie spät es ist. Wie viel Zeit vergangen ist. Ich stehe wieder auf und beginne meinen Tigerlauf, hin und her vor dem Fenster. Fühlt es sich so an, wenn man beginnt, verrückt zu werden? Alles wackelt, es ist, als ob eine Blase geplatzt ist. Das kann doch nicht sein, oder? Da beten doch gerade so viele Menschen für uns. Wie kann es sein, dass so etwas passiert? Dieser Kreißsaal, in dem ich auf und ab gehe, fühlt sich an wie ein Käfig. Die Tür geht wieder auf, diesmal ist es die Hebamme. „Ihrer Frau geht es nicht gut, die Lage ist sehr ernst. Aber wir haben die besten Ärzte dabei – ich bin mir sicher, dass sie es schaffen werden.“ „Was schaffen?“, denke ich. „Ich glaube nicht, dass ihr Leben in Gefahr ist, meine ich“, versucht sie mich zu beruhigen. Auch sie ist unsicher. Sie erklärt mir etwas von Blutungen, die auftreten können, von der Fähigkeit einer Mutter, viel Blutverlust hinzunehmen, aber ich verstehe, was sie mir sagt: „Herr Wagner, die Lage ist ernst und wir hoffen das Beste, wir können aber nichts versprechen.“ Sie nimmt unsere sanft schlafende Tochter mit in das Kinderzimmer. Ein Teil von mir möchte sie gern dabehalten, aber ein anderer Teil von mir weiß nicht, wie er mit ihr umgehen soll. Sie sieht so friedlich aus. Frieden in ihrem Gesicht inmitten von Angst und Sorge und dem Chaos in meinem Inneren. „Die Babys sind nach der Geburt meist ziemlich erschöpft, sie wird gut schlafen“, sagt die Hebamme, „wir kümmern uns um sie, genau wie um Ihre Frau." Ich versuche Hoffnung zu schöpfen, schaffe es aber nicht. Ich gehe draußen auf den Gang, um die Tür vom OP zu sehen. Hinter den Milchglasfenstern brennt Licht. Plötzlich ist alles noch viel näher. Ich müsste nur durch diese Tür gehen und wäre bei Mirja. Aber was könnte ich tun? Ich darf nicht hinein. Also schaue ich die Tür an. Diese Tür, von der ich nur möchte, dass sie sich öffnet und meine Frau erscheint. Aber sie öffnet sich nicht. Ich gehe auf und ab, diesmal auf dem Gang. Immerhin scheint die Zeit wieder zu vergehen; als ich erneut auf die Tür schaue, ist es 15:45 Uhr.

Die Tür öffnet sich und die junge Ärztin kommt heraus, sichtlich erschöpft. „Der Chefarzt ist gerade in den OP gekommen und nimmt sich Ihrer Frau an", sagt sie in dem Versuch, mich zu beruhigen. „Ihre Frau ist in den besten Händen." Mein Mund wird trocken, als ich mich selbst fragen höre: „Schwebt sie in Lebensgefahr?" Die Ärztin schaut zuerst auf den Boden, dann sieht sie mich an: „Sie hat sehr viel Blut verloren und wir müssen sehen, woran das liegt. Ich bin mir sicher, dass wir die Blutung bald im Griff haben." Eine Ahnung überfällt mich und ich denke an das Aufklärungsgespräch mit der Anästhesieärztin zurück. „Werden wir nach diesem Kaiserschnitt noch weitere Kinder bekommen können?" Die Ärztin wirkt entsetzt, vielleicht fühlt sie sich auch ertappt. „Nein, so weit muss es nicht kommen ..." Sie schaut wieder zu Boden. „... das wäre nur der Fall, wenn es zum Äußersten kommen sollte." Ich versuche ihr zu glauben. Sie geht. Der Gang, in dem ich stehe, ist leer, die Neonlichter mischen sich mit dem schwindenden Tageslicht. Ich starre ins Leere und bin hin- und hergerissen. Mir wird immer bewusster, dass Mirja in diesem OP um ihr Leben kämpft, sonst hätten sie wohl kaum den Chefarzt gerufen. Nach all dem Liegen, nach all den Blutungen und den ganzen Kämpfen hatten wir gedacht, die Entbindung würde gut verlaufen – und jetzt?

Ich stehe in einem Krankenhausgang und marschiere unruhig auf und ab, während Mirja operiert wird. Alles fühlt sich falsch an. Was bringen meine Gebete? Wir haben so lange gebetet, so oft. Ich kann mich erinnern, wie ich meine Hand auf ihren Bauch gelegt habe, um unser Kind zu segnen. Hat Gott uns verlassen? Es muss doch alles gut werden? Diese und ähnliche Gedanken kreisen unaufhörlich in meinem Kopf und meinem Herzen. Ich laufe auf und ab, mechanisch, irgendwo klappert eine Tür. Ich wende mich um. Eine andere Hebamme kommt zu mir. „Die Lage ist sehr ernst, Herr Wagner." Ich erkenne sie wieder. Sie war nur kurz bei uns, hat viel gelacht und lebenslustig geschaut. „Ihre Frau hat viel Blut verloren und der Arzt hat Angst, dass sie es nicht schaffen wird. Das Äußerste ist leider eingetreten. Ihr Leben zu retten wird bedeuten, dass sie keine Kinder mehr bekommen kann." Die Worte fühlen sich an wie Glassplitter. Etwas ist zerbrochen. „Wird sie es schaffen?", höre ich mich fragen, diesmal mit Tränen in den Augen. „Die Blutung sollte gestillt werden können – der Arzt hat so lange gewartet wie möglich. Es tut mir so leid." Sie umarmt mich, selbst den Tränen nahe. „Wir hatten von einer großen Familie geträumt ...", sage ich halb zu mir selbst. Ich versuche irgendwie zu verstehen, was das heißt. In meinem Kopf wirbelt alles durcheinander. Mirja. Wir wollten doch ... wir hatten es uns doch so gewünscht. Eine andere Angst steigt in mir hoch: Was, wenn Mirja damit nicht klarkommt? Wie wird sie damit leben? All unsere Träume zerplatzt. Ich merke kaum, wie die Hebamme geht.

Ich rufe bei Mirjas Eltern an, und obwohl Mirja es inzwischen wohl geschafft hat, ist die Tatsache, dass sie in Lebensgefahr geschwebt hat, immer noch präsent. Ich kann mich und die Situation am Telefon kaum erklären. Wie erklärt man Eltern, dass ihr Kind fast gestorben wäre? Die Ärztin kommt wieder: „Ihre Frau wird zur Überwachung auf die Intensivstation gebracht – sie ist noch in der Narkose und wird noch beatmet." Ich kenne die Prozedur, und doch trifft es mich, als ich Mirja auf dem Bett liegen sehe. Sie schläft. Überall am Bett hängen Überwachungsgeräte, sie ist blass, und man sieht ihr an, dass sie schwer zu kämpfen hatte. Ich streiche ihr über die Stirn und sage ihr, dass ich bald komme und nach ihr sehe.

Die Doktoren kommen aus dem OP mit grauer Miene, versteinert. „Sie sind der Ehemann?", fragt mich der Chefarzt. Tonlos sage ich: „Ja." – „Setzen Sie sich doch, wir würden Ihnen gern erklären, was genau geschehen ist." Drei Oberärzte, der Chefarzt und ich setzen uns vor dem Kreißsaal auf eben jene Bänke, auf denen bestimmt schon viele Väter, Großeltern und Freunde auf eine gute Nachricht aus den Geburtszimmern gewartet haben. Ich bekomme den Ernst der Lage, die Maßnahmen, die Tragweite erklärt. „Wir mussten abwägen, nachdem all unsere Maßnahmen versagt hatten. Der Narkosearzt hat uns sehr deutlich gemacht, dass wir Ihre Frau verlieren würden, wenn wir nicht zum letzten Mittel greifen würden. Wir haben wirklich alles versucht, aber zuletzt mussten wir das Leben Ihrer Frau retten." „Danke, dass Sie das Leben meiner Frau gerettet haben." Ich schaue jeden Arzt an und sehe ihnen an, wie sehr sie gekämpft haben. Der Arzt, der uns die ganze Zeit betreut hat, wirkt mehr als nur abgekämpft – er wirkt wie ein General nach einer schweren Niederlage. Er schaut mich nicht wirklich an. Irgendwann platzt es aus ihm heraus: „Wir haben alles versucht, nichts hat geholfen." Ich spüre, wie er mit sich kämpft, sehe den Wunsch in seinen Augen, dass es anders hätte gehen können. Nachdrücklich wiederhole ich meinen Dank. Die Ärzte machen mich darauf aufmerksam, dass die nächsten 24 Stunden wichtig sind – es dürfen keine Nachblutungen auftreten, darum befindet sich Mirja auch auf der Intensivstation.

Ich gehe zu Emilia ins Kinderzimmer, um zu sehen, wie es ihr geht. Sie schläft friedlich. Ich ziehe ihr Bettchen an mich und fange plötzlich an zu weinen. Unerwartet bricht aus meinem Körper das heraus, was mein Verstand nicht beschreiben kann. Ich fühle den Schmerz und weiß, dass in mir etwas zerbrochen ist. Die Schwestern müssen Bescheid wissen, denn niemand stört mich. Ich weiß nicht, wie lange ich geweint habe, nur dass ich irgendwann keine Tränen mehr habe. Eine neue Angst überfällt mich – was ist, wenn mit dem Kind etwas nicht stimmt? Was ist, wenn Emilia durch die Schwangerschaft oder die Geburt etwas abbekommen hat und mir niemand Bescheid sagen will? Aber nein – sie schläft nur. Ich mache meinen ersten Gang zur Intensivstation – eine junge Praktikantin bringt mich durch eine Art Tunnelsystem in das andere Haus.

Auf dem Weg rufe ich unsere Hebamme an – sie ist mehr als nur eine Geburtshelferin, sie ist uns auf diesem Weg eine Freundin geworden. Ich schildere ihr die

Lage, weil ich dieses seltsame Gefühl nicht loswerde, dass mit Emilia etwas nicht stimmt. Sie verspricht mir, bald vorbeizukommen, ist selbst geschockt durch meine Nachricht von der schweren Blutung.

Eine Schleuse schirmt die Station von der Außenwelt ab – ich muss mich umziehen. Mirja ist immer noch in Narkose. Ich schaue nach ihrem Herzschlag. Die Linie ist, wie sie sein soll, ein automatischer Blutdruckmesser pumpt. Meine Welt dreht sich. Eine andere junge Ärztin spricht mich an: „Ihre Frau hat sehr viel Blut verloren – sie ist hier, weil wir befürchten, dass sie nachbluten könnte – darum ist sie hier." Erst jetzt bemerke ich die Schläuche, die mit Beuteln verbunden sind. Darin ist Blut. Ich sehe die Einstiche in Mirjas Armen und weiß, wie knapp alles war. Nicht weniger als fünf Zugänge, alle darauf ausgelegt, schnell viel lebenswichtiges Blut zuzuführen. Alle werden offen gehalten, falls es zu einer Nachblutung kommt. „Es sieht aber alles stabil aus", höre ich die Ärztin sagen. „Wann wird sie aufwachen?", frage ich. „Vermutlich später am Abend, je nachdem, wie sich ihr Zustand entwickelt", antwortet diese. „Ich würde gern noch ein wenig hierbleiben." „Natürlich." Ich sitze an Mirjas Bett und versuche, ihre Hand zu halten – fast unmöglich bei all den Schläuchen und Kabeln. Das Blutdruckmessgerät surrt erneut und ich greife unwillkürlich nach ihrem Puls. Mit dem zunehmenden Druck der Manschette wird dieser spürbare Beweis ihres Lebens schwächer und schwächer. Erst als der Wert gemessen ist und die Manschette den Druck ablässt, spüre ich wieder Leben in ihr. Fast. Nahe war Mirja dem Tod, nur dieser letzte Ausweg blieb den Ärzten. Diese Wahrheit trifft mich körperlich. Die Monitore verzeichnen Mirjas Atmung,

Herzschlag, Blutdruck und noch vieles mehr. Gab es eine Nachblutung? Die nächste Schwester, die vorbeikommt, frage ich – sie weist auf die Behälter, die am Bett hängen. „Nein, es hat keine Blutung mehr gegeben." Ich zähle nicht weniger als drei solcher Behälter an ihrem Bett. „Bitte schenk, dass diese Blutung aufhört und nicht wiederkommt."

Nach einer Weile will ich wieder zurück zu Emilia ins Nebengebäude, um Fotos zu machen – wir haben den Laptop dabei. Ich kann Emilia nicht mit auf die Intensivstation nehmen, aber ich will wenigstens ein paar Bilder machen, die ich Mirja zeigen kann. Endlich gibt es etwas, das ich tun kann, und das hilft mir. Als ich im Babyzimmer ankomme, sehe ich unsere Hebamme, die Emilia auf dem Arm hält. Ich merke, wie meine Augen wieder feucht werden. Sie umarmt mich und tröstet mich dabei – vielleicht ohne es zu merken. In dieser Situation jemand Bekanntes und Vertrautes um sich zu haben ist so wertvoll. Ich frage sie: „Wie geht es Emilia?" Ein Strahlen kommt in ihre Augen: „Der kleinen Dame geht es gut, so gut es nur gehen kann." Mein Herz wird leichter – ihr vertraue ich, und damit habe ich eine Sorge weniger. Emilia geht es gut. Sie hat alles gut überstanden. Wenigstens sie hat es überstanden. Ich mache Fotos, beginne über diese letzten Stunden zu reden. Viel Zeit nehme ich mir aber nicht – ich weiß, dass Mirja allein im Nachbargebäude liegt, und als Emilia wieder eingeschlafen ist, gehe ich mit meiner Bilderausbeute zurück zur Intensivstation. Es ist ein so krasser Wechsel – von der lärmenden Geschäftigkeit im Babyzimmer zu der hallenden Stille der Intensivstation. Alle Patienten, die hier liegen, befinden sich in Narkose. Piepsende Geräte und durch die Gänge schlurfende Pfleger sind die einzigen Zeugen für Leben hier. Alles ist so anders. Aber Mirja ist stabil, sie hat keine Nachblutung gehabt. Ich setze mich zu ihr und halte ihre Hand. Wieder das Dröhnen des Blutdruckgeräts. Wieder wird ihr Puls blockiert, um dann nach Abschluss der Messung wieder zurückzukehren. „Wir können Ihre Frau vermutlich gegen 22 Uhr wecken", sagt die Ärztin hinter mir. Ich drehe mich um, nicke und schlucke. Mir wird klar, dass ihr jemand sagen muss, was geschehen ist. Jemand. Ich. Ich muss ihr sagen, dass Emilia unser einziges Kind bleiben wird. Was wird Mirja tun? Wird sie aus dem Bett springen wollen, sich loskämpfen? Wird sie einfach nur weinen? Ich schlucke wieder. Wie sagt man so etwas? Wie fängt man an? Ein Blick auf die Uhr – 20:00 Uhr.

29. Januar 2007, gegen 22 Uhr

Mirja

Langsam komme ich wieder zu mir. Ich liege in einem seltsam dunklen Zimmer, um mich herum piepsen irgendwelche Geräte. Neben mir nehme ich Björn wahr, doch ich bin so müde, dämmere immer wieder weg. Es dauert Stunden, bis ich so weit bei Sinnen bin, dass ich klar denken und reden kann. Zuerst begreife ich gar nicht, in was für einem Zimmer ich hier liege. Björn erklärt mir vorsichtig, dass das hier die Intensivstation sei. Intensivstation? Warum Intensivstation? Was ist eigentlich passiert? Ich merke, dass etwas nicht stimmt, irgendetwas ist ganz offensichtlich schiefgelaufen, ich habe jedoch noch keine Vorstellung, was es ist. Nach einer Geburt – selbst wenn es ein Kaiserschnitt ist – erwacht man für gewöhnlich nicht auf der Intensivstation. Björn druckst herum, will nicht so recht heraus mit der Sprache. Und mir dämmert: Es muss der Fall eingetreten sein, vor dem ich mich so sehr gefürchtet habe. Ich schaue Björn in die Augen – und begreife. Ich stelle ihm die Frage, die mein Leben so sehr verändern wird, die Frage, die ich am liebsten runterschlucken würde, wenn es nicht so wichtig wäre, sie zu stellen: Kann ich keine Kinder mehr bekommen? Björn nickt und ich merke, wie eine dunkle, eiskalte Welle über mich hinwegschwappt. Für einen Moment steht alles um mich herum still. Da ist nur Leere. Und ich beginne zu weinen. Hier liege ich, auf der Intensivstation, meine Tochter in einem komplett anderen Gebäude des Krankenhauses, ich bin 27 und werde nie wieder ein Kind zur Welt bringen. Ich kann keinen klaren Gedanken fassen, fühle mich so müde, schlafe immer wieder ein. Ich bin durstig, wünsche mir so sehr Wasser, darf aber nichts trinken. Björn sprüht mir ein Zitronenspray in den Mund, das lindert den Durst zumindest ein wenig. In meinen wachen Momenten stelle ich ihm immer wieder Fragen: Was war passiert? Meine letzte Erinnerung ist der Chefarzt, der mir verspricht, nach mir zu gucken, und mir die Vollnarkose ankündigt. Danach ist da nur Dunkelheit und dann dieses seltsame Zimmer. Björn versucht mir zu erklären, dass die Blutung zu stark gewesen sei, dass sie zwischenzeitlich einem Strahl aus dem Wasserhahn geglichen habe, dass ich viele Blutkonserven benötigt habe – dass die Ärzte alles in ihrer Macht Stehende getan hätten – und dass es letztlich nicht gereicht hat. Nicht gereicht hat ...

Die Nacht auf der Intensivstation erscheint mir

ewig. In regelmäßigen Abständen wird mein Blutdruck mit einer automatischen Blutdruckmanschette gemessen. Dabei schmerzt die Nadel in meiner Hand. Es soll aufhören, ich will keinen Schmerz mehr fühlen. Ich nehme langsam Schläuche wahr, irgendwelche Beutel und Flaschen voller Blut – mein Blut. Irgendjemand kommt, wirft einen kontrollierenden Blick auf sie und verlässt den Raum wieder. Björn ist neben mir in einen unruhigen Schlaf gefallen, er liegt in einer Art Flugzeugsessel. Zwischendurch ist er drüben bei Emilia gewesen, sie liegt so allein auf der Kinderstation. Ich glaube, am liebsten würde er sich in zwei Teile reißen.

Endlich kommt der Morgen und mit ihm zwei Schwestern, die beginnen, mich zu waschen. Sie schicken Björn weg, damit er sich etwas zu essen besorgen kann. Ich bekomme Käsebrötchen serviert, doch ich bekomme kaum einen Bissen hinunter, und eigentlich dürfte ich so etwas nach einer solchen OP auch gar nicht essen, wie mir der Arzt später sagt. Haben die hier denn keine Ahnung? Zu trinken geben sie mir Pfefferminztee – der wirkt abstillend, wie ich auch erst später erfahre.

Ich bemerke, dass neben mir noch jemand liegt. Zwischen uns ist ein Sichtschutz aufgestellt, aber ich höre ihn immer wieder stöhnen. Ich habe keine Ahnung, was diesem Mann neben mir fehlen mag, aber die Tatsache, dass sich die Schwestern Pfefferminzöl unter die Nase reiben, bevor sie ihn waschen, und auch mir etwas davon anbieten, verrät mir, dass es diesem Menschen anscheinend sehr schlecht geht. Wie seltsam. Da liegt ein Mensch, ein Leben neben mir, und alles, was ich von ihm wahrnehmen kann, sind sein Stöhnen und sein Geruch. Ein Leben – reduziert auf zwei Sinneswahrnehmungen, reduziert auf seine Krankheit. Wer mag dieser Mann sein? Wie sah sein Leben vor dieser Krankheit aus? Hat er Familie, Kinder? War er glücklich oder eher traurig? Was ist sein Lieblingslied, sein Lieblingsfilm, sein liebstes Essen? Da liegt jemand mit einer Geschichte neben mir, einer Geschichte, die vielleicht in diesem Zimmer ihr Ende finden wird. Ob er sich das jemals hat vorstellen können? Es gibt so vieles, was jenseits unserer Vorstellungskraft liegt, solange es uns gut geht. Und vielleicht ist das auch gut so, denn wer will sich schon mit irgendwelchen Schreckensszenarien befassen, wenn er sich doch am ganzen Körper lebendig fühlt. Die schlimmen Dinge treffen meistens die anderen – denkt man. Und doch, manchmal sollte jeder von uns innehalten und sich bewusst machen, dass unser Leben endlich ist. Wie schnell es vorbei sein kann, wie zerbrechlich wir doch sind – und wie gut es uns eigentlich geht. Wir meckern über unseren Job, der nervt – aber wir haben einen Job –, wir schimpfen auf unsere Kinder, den Ehepartner – aber wir haben eine Familie –, wir klagen über unser Aussehen, unser Gewicht – aber wir sind gesund. Keiner von uns hat in der Hand, wann sein Leben endet, aber wir haben in der Hand, wie wir auf unser jetziges Leben schauen, aus welchem Blickwinkel wir es betrachten. Wenn ich gewusst hätte, dass mein Leben mit 27 Jahren bei der Geburt meiner ersten Tochter enden könnte, hätte ich vieles, was ich bis dahin erlebt hatte, mit anderen Augen gesehen, hätte über manches anders gedacht. Was habe ich mir einen Stress gemacht wegen all der vielen Schul-, Berufs- und Uniprüfungen. Wie oft habe ich über mein Aussehen gemeckert, wollte lieber wie diese oder jene aussehen. Nie genug, nie zufrieden. Da musste mich erst der Tod streifen, damit ich begreife, auf was es ankommt. In der Zeit auf der Intensivstation bin ich so unendlich dankbar für meinen Mann, meine Tochter und dass ich noch am Leben bin, um sie aufwachsen zu sehen. Gleichzeitig bin ich unendlich traurig über meinen Verlust der Möglichkeit, noch einmal Mutter zu werden. Erst jetzt, wo mir dies genommen wurde, merke ich, welchen Wert es für mich hat. Nicht die Uniprüfungen oder mein Aussehen sind mehr wichtig, sondern die Chance, noch ein Kind zu bekommen. Ich würde so viel dafür geben, könnte ich die Zeit zurückdrehen, den Ausgang der OP ändern. Aber das kann ich nicht. Ich muss lernen, mit dem Glück und der Trauer zu leben, die beide zu einem Teil von mir geworden sind.

Nach der Visite kommen zwei Schwestern der Frauenklinik zu mir auf die Intensivstation, um mich in das andere Gebäude zu verlegen. Endlich darf ich zu meiner Tochter. Ich werde mit meinem Bett durch unterirdische Gänge gefahren, die die vielen Gebäude miteinander verbinden. Ich fühle mich wie in einem Parkhaus. Wie gut tut es da, wieder in Räume zu kommen, die warm und freundlich wirken. Ganz anders als die Intensivstation oder diese Gänge. Ich werde in dasselbe Zimmer gebracht, in dem ich schon vor der OP gelegen habe. Sogar meine Bettnachbarin mit ihrem kleinen Sohn ist noch da. Und doch ist so viel seit dem letzten Mal passiert: Meine Tochter ist zur Welt gekommen, ich schwebte in Lebensgefahr, bin zurück ins Leben gekehrt und habe einen meiner Lebensträume begraben müssen – und das in nur einer Nacht. Björn geht los, um Emilia zu holen, und kommt mit einem winzigen Bündel Leben zurück. Er legt sie an meine

Seite und sie wird sofort ruhig, als hätte sie nur darauf gewartet, endlich zu ihrer Mama zu kommen. Ich bin glücklich und so traurig. Was habe ich um dieses kleinen Wesen gekämpft – und nun liegt es da, schmiegt sich an mich. Ich möchte Emilia nie wieder loslassen, möchte sie beschützen, mit allem, was ich habe. Teuer erkauftes Wunderkind. Dieser Moment ist kostbar, das merke ich, und doch habe ich ihn mir immer ganz anders vorgestellt. Ich habe geglaubt, dass ich pure Freude empfinden würde. Erleichterung. Endlich geschafft. Endlich am Ziel. Und nun ist da so viel Trauer in mir, dass ich kaum Platz zum Atmen habe. Ich halte Emilia fest.

Meine Eltern betreten mein Zimmer. Sie sind fast sechshundert Kilometer gefahren, um zu mir zu kommen. Björn hatte sie noch am selben Abend benachrichtigt und sie waren am nächsten Morgen direkt losgefahren. Der Schock steht ihnen ins Gesicht geschrieben. Keine Mutter, kein Vater erträgt den Gedanken, dass das eigene Kind vor ihnen sterben könnte. Das war etwas, was in der Vorstellung meiner Eltern nicht vorkam, womit sie nicht gerechnet haben, womit keiner von uns gerechnet hat. Und keiner sieht sein Kind gerne leiden, den Lebenstraum beerdigen. Die Gefühle, die meine Eltern in diesen Stunden und Tagen durchlebt haben müssen, kann ich tatsächlich erst heute nachvollziehen – jetzt, wo ich selbst Mutter bin. Man möchte sein Kind so gerne vor allem beschützen – und ist doch machtlos. Muss zusehen, wie die Kinder leiden, Krankheiten und Schmerzen durchlaufen, falsche Entscheidungen treffen, Fehler machen – muss lernen loszulassen. Das gehört zum Elterndasein dazu. Es tut mir gut, sie um mich zu haben, bei ihnen kann ich schwach sein, weinen. Ich will niemand anderen sehen oder an mich heranlassen, nicht einmal meine besten Freunde, die mich in der Schwangerschaft so sehr unterstützt haben. Ich bin durchgerüttelt von meinen Gefühlen. So müde, so traurig – und muss gleichzeitig weiterleben. Da ist jetzt ein kleines Wesen, um das ich mich kümmern muss. Die Schwestern sorgen dafür, dass ich bereits am ersten Tag aufstehe, mit Katheter und Schläuchen, um den Kreislauf in Schwung zu bringen. Ich beginne abzupumpen, um das Stillen in Gang zu bringen, was sich aufgrund der OP und des Pfefferminztees auf der Intensivstation als schwierig erweist. Ich pumpe alle paar Stunden ab, auch nachts. Nur die erste Nacht lassen mich die Schwestern schlafen, damit ich zu Kräften komme. Aber sie haben recht. Ich muss jetzt dranbleiben, kann mich jetzt nicht einigeln, einfach nur daliegen und alles an mir vorbeirauschen lassen. Gott ist in diesen ersten Stunden und Tagen für mich schwer greifbar. Ich schreie ihn an, mache ihm Vorwürfe, wie er so etwas zulassen konnte. Warum ich? Im nächsten Augenblick klammere ich mich an ihn, habe das Gefühl, wenn ich jetzt loslasse, dann falle ich, ertrinke ich in meinem Schmerz, der mich innerlich zu zerreißen droht. Ich bin mir nicht sicher, ob Gott derjenige sein wird, der fest genug zupackt, um mich zu halten, wenn ich loslasse. Und dann wieder überkommt mich eine tiefe Dankbarkeit, weil mir bewusst wird, dass er mich ja bereits gehalten hat während der Schwangerschaft, während der OP. Ich lebe. Meine Tochter lebt. Das reicht. Ein Verstehen gibt es nicht ...

Dann kommt der Arzt zu mir, erklärt mir noch einmal den Verlauf der Operation. Es sei nicht anders gegangen, keiner habe damit gerechnet. Die Plazenta sei mit der Gebärmutter verwachsen gewesen, das komme sehr, sehr selten vor. Die Wunde habe einfach nicht mehr aufgehört zu bluten. Das habe man mit dem Ultraschall so nicht erkennen können. Ich solle positiv nach vorn blicken. Was soll er auch anderes sagen. Er entfernt die Schläuche und geht wieder. Ich bleibe zurück – mit so vielen weiteren Fragen in meinem Kopf, Fragen, die ich mir auch noch Jahre später stellen werde und auf die es keine Antwort gibt. Der Anästhesiearzt schaut bei mir vorbei, nach Dienstschluss, will sehen, wie es mir geht. Er sagt, dass ich allen einen gehörigen Schrecken eingejagt habe, aber dass er froh sei, dass es mir gut gehe. Sogar einige Schwestern besuchen mich, obwohl sie in meinem Zimmer gar keinen Dienst haben. Ich bin einer von diesen Fällen, die so selten vorkommen, dass eine ganze Krankenhausabteilung mitfühlt. Alle kümmern sich so lieb um mich. Sie verschaffen mir die Möglichkeit, allein in meinem Zweibett-Zimmer zu liegen, trösten mich, machen mir Mut – fordern mich aber auch heraus, weiterzugehen, weiterzumachen mit dem Leben. Ich habe jetzt eine kleine Tochter, um die ich mich kümmern muss.

Nach ein paar Tagen werden noch einmal meine Blase und die Nieren geröntgt, um sicherzugehen, dass sie bei der OP keinen Schaden genommen haben. Auch hier werde ich über die Risiken der Kontrastmittelgabe aufgeklärt, aber der Arzt versichert mir, dass die Möglichkeit einer Schädigung im Promillebereich liegen würde. Diese Worte habe ich schon einmal von einem Arzt gehört. Ich fange an zu weinen und der Arzt ist verunsichert, schließlich kennt er meine Geschichte nicht. Als ich zurück auf mein Zimmer komme, wartet dort der Chefarzt auf mich. Er meint, dass er froh sei, mich aufrecht stehend zu sehen. Es sei wirklich knapp gewesen.

So richtig kann ich das noch nicht begreifen. Für mich steht immer wieder der Verlust im Vordergrund, aufgrund der Vollnarkose kann ich das volle Ausmaß der Gefahr, in der ich geschwebt habe, gar nicht nachvollziehen. Der Chefarzt redet eindringlich mit mir. „Das war knapp. Wenn Sie traurig sind über Ihren Verlust, dann schauen Sie in das Bettchen Ihrer kleinen Tochter. Es ist ein Wunder, dass Sie beide leben."

Einige Zeit später wird eine junge Frau in mein Zimmer gelegt. Auch sie hatte einen Kaiserschnitt – mit dem Unterschied, dass bei ihr alles glattgegangen ist. Meine inneren Schmerzen sind fast unerträglich, wenn ich ihre heile Welt betrachte. Genau so hatte ich es mir auch für uns gewünscht. Da liegt sie, glücklich, das Baby auf ihrem Bauch, der Mann freudestrahlend mit Blumen und Obstkorb an ihrer Seite, die Eltern und Schwiegereltern auf Wolke sieben. Ich habe das Gefühl zu ersticken, möchte mich übergeben, um mich schlagen. So schnell wie möglich verlasse ich das Zimmer und weine. Ich kann in diesen Raum nicht zurück, alles in mir sträubt sich dagegen. In diesem Moment fällt bei mir der Entschluss, dass ich das Krankenhaus verlassen werde, notfalls auf eigene Verantwortung. Ich bleibe hier keinen Tag länger. Leider muss ich noch eine Nacht durchstehen, um die abschließende Untersuchung abzuwarten. Björn und ich verbringen den Abend in der Caféteria, um so lange wie möglich Abstand zu halten von diesem perfekten Glück. Ich merke, wie meine Gefühle durcheinanderrauschen. Da ist Trauer und so viel Wut und Zorn – auf Gott, auf die Ärzte, auf dieses perfekte Pärchen. Auf all die Frauen, die ihre Kinder ohne Probleme bekommen. Ich bin die Quotenfrau, eine von mehreren Tausend, die dann in den Lehrbüchern und Klinikberichten als Promillerisiko auftaucht. Warum ich? Ich merke, wie egoistisch meine Gedanken sind. Warum nicht ich? Warum sollte es eine andere treffen? Ich wünsche also das, was mir passiert ist, lieber einer anderen Frau? Das ist ganz schön arrogant, ich weiß das, und doch denke und fühle ich in diesem Moment genau so. Meine Gefühle habe ich schon lange nicht mehr unter Kontrolle. Am nächsten Tag verlassen wir das Krankenhaus. Meine Abschlussuntersuchung war ohne Befund, alles in Ordnung – außer dass ich keine Kinder mehr bekommen kann. Ich bin froh, nach Hause zu kommen, und habe doch Angst davor. Alles wird mich an die Schwangerschaft, an meinen zerplatzten Traum erinnern. Björn hat vorsorglich den grünen Klippan-Bezug vom Sofa abgezogen, damit ich nicht an diese elende Liege-Zeit erinnert werde. Das war auch gut so – ich glaube, ich hätte ihn mit einer Schere in Fetzen geschnitten. Meine Umstandsmode verstaue ich ganz hinten im Schrank. Ich werde sie nie wieder brauchen, aber weggeben kann ich sie auch nicht. Es gibt Momente in den folgenden Wochen und Monaten, da durchzuckt es mich regelrecht und ich denke: „Moment, Gott hat deine Tochter leben lassen, obwohl die Medizin es nicht für möglich gehalten hat, Gott kann also Wunder machen, warum sollte er dann nicht auch deinen Körper – gegen alle menschliche Vernunft – wieder gesund machen können, sodass du doch noch Kinder bekommen kannst?“ Ich merke, dass ich wieder in das alte Denkmuster verfalle: Ich glaube theoretisch, dass Gott das kann, aber ich glaube nicht daran, dass er es will. Warum sollte er? Es gibt so viel wichtigere Dinge in der Welt, um die er sich zu kümmern hat. Was ist dagegen mein Problem? Sollte ich nicht einfach dankbar für meine Tochter sein? Ich fühle mich schlecht. Zu der Trauer kommt das Gefühl von Schuld und Undankbarkeit hinzu.

2

Emilia

Die ersten Wochen danach

MIRJA

Die ersten Tage zu Hause sind seltsam. Da ist so viel Freude – und so viel Trauer. Noch immer möchte ich niemand anderen sehen als meine Familie und meine Hebamme. Ich hatte mir immer vorgestellt, wie ich meine Tochter stolz beim nächsten Gottesdienst präsentieren werde, und nun traue ich mich nicht hin. Zu groß ist die Angst davor, die Fassung verlieren zu können. Dazustehen und nur noch zu weinen. Ich weiß, dass genau das passieren würde – und gehe deshalb nicht hin, beraube mich einer wunderschönen Erfahrung. Ich igle mich zu Hause ein. Ein paar Tage nachdem ich das Krankenhaus verlassen durfte, habe ich Geburtstag. Wir feiern ihn mit Pizza und DVD auf dem Bett. Emilia liegt neben uns. Ich vermisse nichts, fühle mich sicher hier in meiner Wohnung und bin ein bisschen so glücklich, wie ich es mir während der Schwangerschaft vorgestellt hatte.

Erst einige Tage später laden wir das erste Mal Freunde zu uns nach Hause ein. Es sind Freunde, bei denen ich weiß, dass sie damit umgehen können, wenn ich als Erstes nur weine. Ich habe Angst vor diesem Moment. Und doch wage ich diesen Schritt. Ich begreife, dass ich ihn irgendwann gehen muss, wenn ich nicht in meiner Wohnung vereinsamen will. Sie kommen – und ich weine. Es ist okay. Sie bestaunen Emilia, so wie ich es mir immer ausgemalt habe; sie sind da, sind still, gehen auf mich ein, aber lassen die Trauer nicht die Hauptrolle spielen. Sie bringen Blumen und Geschenke – und ein ganz besonderes Bild, das eine Geschichte erzählt, die Geschichte vom Tag der Geburt. Sie hatten gehört, dass es mir schlecht ging, dass ich mit dem Tod kämpfte. Sie hatten gebetet – und ihr Gebet in ein Bild gelegt. Als ich es sehe, weine ich. Dieses Bild ist einer der kostbarsten Gegenstände, die ich besitze. Es erinnert mich an das, was mir genommen und geschenkt worden ist.

Meine Hebamme kommt vorbei, sie hat Essen für uns alle gekocht, sie selbst könne zwar nicht mitessen, aber wir sollten es uns schmecken lassen. Eine andere Freundin hatte bereits einen Apfelkuchen und Geschenke vor unsere Tür gestellt. Sie wollte uns nicht stören, unsere Gefühle und Grenzen respektieren. Wieder einmal bin ich überwältigt von meinen Freunden.

HILFE!

Trotzdem dauert es seine Zeit, bis ich bereit bin, unsere Wohnung zu verlassen und mich den Leuten, den Fragen, den Blicken zu stellen. Zum ersten Mal wage ich mich anlässlich des Geburtstags einer guten Freundin unter Menschen. Wir werden herzlich begrüßt, alle freuen sich mit uns, bewundern unser kleines Mädchen – und stellen Fragen. Ich erzähle, bin anfangs noch stark, merke aber, wie immer mehr Gefühle hochkommen, bis ich nicht mehr kann, nur noch weine und mich ins Schlafzimmer der Freundin zurückziehe. Es dauert lange, bis ich die Fassung wieder so weit zurückgewonnen habe, dass ich mich nach draußen wage. Zu allem Überfluss ist auch noch eine Freundin schwanger. Sie gratuliert mir, nimmt mich in den Arm – und ich schlucke und versuche, nicht auf ihren Bauch zu gucken. Als wir die Party verlassen, begegnen wir zwei Bekannten. Auch sie freuen sich mit uns, beglückwünschen uns – und sagen: „Na, mit dem zweiten Kind werdet Ihr Euch jetzt wohl noch ein wenig Zeit lassen." Ich schlucke wieder. Fettnäpfchen. Wie ich sie hasse. Natürlich habe ich nicht gleich jedem erzählt, dass wir keine Kinder mehr bekommen können, das war mir zu diesem Zeitpunkt viel zu intim, das ging keinen etwas an. Mir war klar, dass immer wieder solche Sprüche kommen würden, trotzdem wollte ich die Tatsache nicht herumerzählen.

Die Sache mit den Kindern und der Anzahl selbiger ist in christlichen Kreisen eine sehr heikle Angelegenheit. Hat man als verheiratetes Paar keine Kinder, kommen irgendwann die Fragen, wann denn nun mit Nachwuchs zu rechnen sei. Am Anfang lächelt man noch, irgendwann ist man genervt, und spätestens wenn man vielleicht feststellt, dass es bei einem selbst mit dem Kinderkriegen nicht klappen will, beginnt man solche Kommentare zu fürchten. Auch mit einem Einzelkind steht man in christlichen Kreisen noch ziemlich allein da. Da wird dann bald gefragt, wann denn das Geschwisterchen geplant sei. Wie ich diese Fragen verabscheue – und ganz ehrlich, ich habe die Personen, die diese Fragen stellen, fürchten gelernt und bin ihnen aus dem Weg gegangen. Was geht es sie an, wie ich meine Familienplanung gestalte? Manchmal wünsche ich mir, nicht in einer christlichen Umgebung zu leben, sondern eher in Managerkreisen zu verkehren. Hier wäre es überhaupt kein Problem, nur ein Kind zu haben. Keiner würde fragen oder sich wundern. Nur unter Christen wird das zu einem so großen Thema gemacht, das diskutiert werden muss. Warum eigentlich? Meine Gedanken wandern zu den Frauen in der Bibel – zu Sarah, zu Hanna. Beide Frauen mussten schon damals unter dem Getratsche ihrer Umgebung leiden, weil sie keine Kinder bekommen konnten. Und wie froh und dankbar waren sie, als ihnen ein einziges geschenkt wurde. Dieses eine Kind war ihnen genug. In gewissem Sinne waren beides Einzelkinder. Natürlich, Gott will, dass wir Kinder bekommen, dass wir Familien gründen. Aber ich habe mir meine Lage nicht ausgesucht – und so viele andere Paare auch nicht. Wieso maßen sich dennoch immer wieder Leute an, negativ über Einzelkinder zu reden oder unsensibel nachzuhaken, wann denn der Nachwuchs komme, wann eine Familie gegründet werde. Bei Hanna und Sarah ist das irgendwie in Ordnung, das hat Gott ja so gewollt, das sind „berühmte" Frauen aus der Bibel. Aber was ist mit mir? Hat Gott es nicht auch genau so gewollt, wie es jetzt ist – dass wir eine leibliche Tochter haben? Punkt. Nicht mehr – und vor allem nicht weniger. Welch ein Geschenk!

Ich merke, wie meine Gefühle in solchen Situationen mit mir durchgehen. Da telefoniere ich mit einer alten Freundin, die auch gerade ein Kind bekommen hat. Es war eine schwere Geburt, sie litt an einer Schwangerschaftsdepression – und sie sagt mir, dass sie kein Kind mehr haben möchte. Hoffnung keimt in mir auf. Vielleicht ist da eine Freundin, die genau wie ich nur ein Kind haben wird, dann bin ich nicht mehr so allein. Aber tief in meinem Innern weiß ich, dass sie sich selbst etwas vormacht. Als dann einige Zeit später eine Karte kommt, auf der das zweite Kind angekündigt wird, bin ich so wütend, so enttäuscht. Ich melde mich nicht bei ihr, begrabe eine alte Freundschaft – und bin traurig darüber, auch über mich selbst, dass ich nicht die Größe und Kraft besitze, trotz allem den Kontakt zu halten. Ich muss aufpassen, dass ich mich nicht zu sehr aus meinem sozialen Umfeld zurückziehe. Ich will meine Freunde behalten und meide sie dennoch, wenn ich weiß, dass sie schwanger sind oder wir uns gemeinsam in einem Umfeld bewegen, in dem andere Freundinnen schwanger sind. Ich ertrage die Gespräche über Ultraschall und Geburten nicht. Jedes Mal werde ich an meinen eigenen Verlust erinnert. Ich möchte anderen nicht ihre Gespräche und Freude verbieten, dazu habe ich nicht das Recht, und doch wünsche ich mir manchmal ein wenig mehr Sensibilität. Viele meiner Freunde haben sie – einige aber auch nicht.

Die Pärchen in meinem Umfeld, die noch keine Kinder haben, machen mir Angst. Ich warte nur auf den Moment, in dem es heißt: Ach, übrigens, wir bekommen ein Kind. In solchen Momenten verliere ich den Boden unter den Füßen. Tage, an denen ich solche Nachrichten erhalte, möchte ich am liebsten aus dem Kalender streichen. Alle freuen sich – nur ich nicht. Ich ertappe mich dabei, wie ich mir wünsche, dass auch bei den anderen mal etwas schiefläuft. Ich will nicht allein dastehen mit dem, was mir passiert ist. Ich will nicht die Quotenschwangere sein, die eine von zehntausend, die eine solch schwere Geburt hatte. Ich schäme mich für solche Gedanken und hadere mit Gott. Warum ich? Immer wieder diese Frage – obwohl ich sie eigentlich gar nicht mehr stellen möchte. Ich bin sie so leid. Ich bin am Leben, ich habe eine gesunde Tochter – was will ich eigentlich?

Ich beginne eine extreme Sensibilität für das Thema Schwangerschaft zu entwickeln, eine Hellhörigkeit, die ich als anstrengend empfinde. Da sitzen wir bei lieben Freunden in der Küche, essen Kuchen und ich nehme meinen Mut zusammen und erzähle, wie es sich für mich im Moment anfühlt, wenn andere um mich herum schwanger werden. Und da blitzt dieses Lächeln im Gesicht unseres Freundes auf. Ein unsicheres. Oder habe ich es mir nur eingebildet? Ich frage Björn im Anschluss an unseren Besuch danach, will wissen, ob es ihm auch aufgefallen ist. Er ist sich nicht sicher, hat es nicht so wahrgenommen wie ich in diesem Moment. Ich ahne, ich vermute, ich fürchte: Diese Freunde werden auch bald ein Kind bekommen.

Am Ostersonntag bekommen wir eine E-Mail, in der sie uns mitteilen, dass sie Eltern werden. Sie wollten es uns sagen, bevor sie es offiziell machen. Dafür bin ich ihnen dankbar. Und dennoch – ich falle in ein tiefes Loch. Das Wetter an diesem Ostermorgen passt zu meiner inneren Stimmung. Es schneit. Nichts ist zu sehen von Frühling, von erwachender Natur. Nur Kälte und Schnee. Ein Spiegelbild meines Inneren. Ich sitze im Loch, friere, fühle mich leer.

Meistens ziehe ich in solchen Momenten meine Laufschuhe an und jogge durch den Wald. Lasse meinen ganzen Zorn und Frust heraus. Am liebsten möchte ich schreien, an den nächsten Baum treten. Nur die Spaziergänger mit ihren Hunden halten mich davon ab. Irgendwann – nach einer halben Stunde Laufen ist mein Zorn, meine Wut, verflogen –, und ich kann wieder klarer denken. Das ist meistens der Moment, in dem sich wieder Dankbarkeit einstellt und ich Gott nicht mehr mit Vorwürfen überschütte, sondern schlicht und einfach danke sagen kann – für mein zweites Leben, für meine Tochter, für meine Familie. Ich brauche diese Stunden im Wald. Das sind die Momente, in denen ich die Ruhe finde, um mit Gott zu reden, ihm Fragen zu stellen, auch wenn es immer wieder die gleichen sind. In diesen Wochen hört er von mir nicht viel Neues. Aber Gott ist geduldig. Wie oft hat er sich jetzt schon meine Vorwürfe anhören müssen, die dann meistens in Fragen übergegangen sind, und am Ende ist nur ein schlichtes „Danke" geblieben. Ich stoße ihn weg, um mich im nächsten Moment wieder an ihn zu klammern – wie ein Ertrinkender an einen Ast, der hofft, dass der Ast unter seiner Last nicht bricht.

Gott ist so unfassbar für mich geworden. Oder ist er überhaupt jemals fassbar gewesen? Alles, was ich zu wissen geglaubt habe, mein ganzer Glaube, ist wie ein Kartenhaus in sich zusammengefallen. Mir geht es wie C. S. Lewis, der in *Über die Trauer* schreibt: *„Nicht dass ich in der Gefahr schwebe, den Glauben an Gott preiszugeben – zumindest habe ich nicht die-*

sen Eindruck. Die wirkliche Gefahr besteht darin, von Gott so entsetzliche Dinge zu glauben. Mir graut nicht vor der Schlussfolgerung: ‚Also gibt es eben doch keinen Gott', sondern vor: ‚So also ist Gott in Wirklichkeit. Mach dir nichts vor.'" Ich weiß einfach nicht mehr, was ich glauben soll, was ich von Gott glauben soll, wie er wirklich ist. Vielleicht ist das auch der Grund dafür, dass wir uns bei der Geburtskarte für einen eher untypischen Vers entschieden haben: *„Jetzt sehen wir nur ein unklares Bild wie in einem trüben Spiegel; dann aber schauen wir Gott von Angesicht. Jetzt kennen wir Gott nur unvollkommen; dann aber werden wir Gott völlig kennen, so wie er uns jetzt schon kennt."* (1. Korinther 13,12) Dieser Vers spricht mir so sehr aus dem Herzen. Ich verstehe Gott nicht – kein bisschen. Habe ihn wohl nie verstanden. Aber ich weiß, eines Tages, wenn ich bei ihm bin, werde ich begreifen, wie Gott ist. Warum er so gehandelt hat. Ich werde ihm all meine Fragen stellen dürfen und das trübe Spiegelbild wird klar werden. Dieser Gedanke gibt Trost und spendet Hoffnung.

Doch die Verletzungen schmerzen, manchmal körperlich, vor allem aber seelisch. Immer wieder muss ich erfahren, wie sehr der Eingriff nach der Geburt mein Innerstes und meinen Glauben verletzt hat. Es ist wie ein nie enden wollender Albtraum. Ich fühle mich so verstümmelt, fast als wäre mir ein Arm amputiert worden. Ein Teil von mir wurde mir genommen, ohne dass ich gefragt wurde. Ein Traum wurde beerdigt. Das Joggen und Dabei-Nachdenken und Beten hilft mir, mich lebendig zu fühlen, bei Gott zur Ruhe zu kommen. Auch wenn ich es nicht verstehen kann – bei ihm darf ich einfach nur sein.

Ich beginne mich von all den Kleidungsstücken zu trennen, die mich an die Schwangerschaft erinnern. Immer wieder durchwühle ich meinen Kleiderschrank und sortiere eine Jacke, ein Hemd nach dem anderen aus. Alles muss weg, nichts davon soll bleiben.

Dazu kommt noch etwas anderes. Durch den Eingriff fühle ich mich in meiner Weiblichkeit verletzt. Man hat mir ungefragt etwas genommen, was in meinen Augen ein Kern von dem ist, was eine Frau ausmacht: ein Kind gebären zu können. Alle Argumente, dass eine Frau ja nicht nur zum Kindergebären da sei, zählen für mich in diesem Moment nicht, so sehr bin ich auf das Thema Schwangerschaft und Geburt fixiert. Ich fühle mich als Frau verletzt, verstümmelt. Die Kleider, die ich mir nach der Geburt kaufe, mit denen ich die Lücken in meinem Kleiderschrank, in meinem Innern, wieder füllen möchte, sind betont weiblich – Röcke, Kleider und Hemden mit Ausschnitten. Es braucht lange, bis ich erkenne, und es vor allem auch fühle, dass ich nicht nur dann eine Frau bin, wenn ich Kinder bekommen kann. Mein Kopf hat das die ganze Zeit gewusst, schließlich haben viele Freundinnen in meinem Umfeld Probleme dabei, Kinder zu bekommen, und bei ihnen habe ich nie ihre Weiblichkeit angezweifelt. Nur bei mir selbst, ausgelöst durch diese Operation.

Dies ist wohl auch einer der Gründe, warum ich den Besuch bei meiner Frauenärztin bisher immer wieder vor mir hergeschoben habe, doch nun führt kein Weg mehr daran vorbei. Er wird zu einem dieser Erlebnisse, die ich danach nur noch vergessen möchte. Allein das Betreten der Praxis verlangt mir meine ganze Willenskraft ab. Schon Tage vorher habe ich Angst und

Albträume. Am liebsten würde ich den Termin absagen. Ich mache es nicht und gehe hin, doch schon der Geruch verursacht in mir Übelkeit. Zum Glück habe ich mir einen Termin früh am Morgen geben lassen, dadurch sitzen kaum Schwangere im Wartezimmer. Das Warten ist auch so schon schlimm genug. Zu viele Erinnerungen und Bilder stürmen auf mich ein. Ich schlucke – immer wieder. Meine Hände werden feucht und ich merke, wie sich mein Fluchtinstinkt immer stärker meldet. Raus – Tür zuschlagen. Wegrennen. In Sicherheit bringen. Ich bleibe sitzen, wie versteinert. Kann mich nicht rühren. Die Arzthelferin ruft mich auf, weil ich ins Labor kommen soll. Ich stehe auf, gehe langsam in den mir wohlbekannten Raum. Fühle wieder diesen Kloß im Magen, wie vor einer sehr schweren Prüfung. Ich lasse mich auf dem Stuhl nieder und sie misst meinen Blutdruck. Ich kämpfe darum, nicht die Fassung zu verlieren – und verliere den Kampf, als sie mich routiniert fragt, wann ich denn das letzte Mal meine Tage gehabt hätte. Ich fange an zu weinen. Die Arzthelferin schaut mich irritiert an. Sie hat die Akte nicht genau gelesen. Ich stottere irgendetwas vor mich hin. Als sie endlich kapiert, ist sie peinlich berührt und stammelt eine Entschuldigung. Oh, wie ich solche Situationen, solche Demütigungen, solchen Schmerz hasse. Ich gehe zu der Ärztin ins Behandlungszimmer, fühle mich wie betäubt, heule immer noch. Sie ist sehr verständnisvoll und nimmt sich viel Zeit, gibt mir Adressen und Telefonnummern von Leuten, die mir helfen könnten. Und sie spricht ein Wort aus, über das wir selbst schon nachgedacht haben – bisher nur zaghaft ängstlich: Adoption.

Nach diesen Erlebnissen beschließe ich, eine Therapie zu machen. Ich merke, dass ich aus dem Strudel der Gedanken, Bilder und Gefühle, die mich verfolgen, nicht allein herauskomme und ich in der Gefahr stehe, mich endgültig einzuigeln. Gleichzeitig kämpfe ich darum, wieder glauben zu können. Wünsche mir, wieder wie ein Kind zu vertrauen. Aber das kann ich nicht mehr. Mir ist einmal etwas Schreckliches passiert – warum sollte mir dann nicht noch einmal so etwas zustoßen? Mein Glaube war seit dem Erlebten nie weg, doch ich merke, dass er sich verändert hat. Er hat seine Unschuld verloren, dieses Urvertrauen, dass Gott am Ende immer alles gut werden lässt – alles. Langsam, sehr langsam, lerne ich wieder, Gott zu vertrauen. Immer wieder falle ich auf diesem Weg hin, bleibe liegen, rapple mich wieder hoch. Zum Teil hilft mir dabei die Therapie, doch mehr noch sind es die Gespräche mit Björn, meinen Eltern, mit Freunden. Es sind die Liedzeilen, die ich höre, die Texte von C. S. Lewis, die ich lese, die Bibelstellen, die in meine Trauer sprechen, die Natur um mich herum. Immer wieder schwirrt mir ein Vers durch den Kopf: „Denen, die Gott lieben, dienen alle Dinge zum Besten." (Römer 8,28) Zum Besten ... Ist das das Beste, was mir passieren konnte? Meine Vorstellungen, mein Wissen geraten ins Wanken. Und doch klammere ich mich an diese Zusage: Das Beste. Gott weiß es.

Bei meiner Therapie jedoch geht es mehr um körperliche Anspannungen, Gefühle, Empfindungen und Verkrampfungen, die auftreten, wenn mich die Bilder in bestimmten Situationen wieder einholen. Ich muss gar nicht immer alles noch einmal erzählen, meistens reicht es schon, wenn ich kleine Abschnitte erneut durchlebe. Ich merke, wie sich mein Körper verkrampft, und ich blockiere. An dieser Stelle unterbricht mich meine Therapeutin meistens im Erzählen, sie will gar nicht, dass ich noch mehr in meiner Wunde bohre. Im Gegenteil – sie fragt mich, wie sich mein Körper in diesem Moment anfühlt, wo genau ich die Verkrampfung spüre und ob es nicht auch einen Teil meines Körpers gibt, der nicht verkrampft ist. Gemeinsam überlegen wir, was meinem Körper gerade guttun könnte in all dem Schrecken: Das kann ein Ausflug in die Natur sein – in Gedanken. Manchmal lasse ich meinen Zorn raus und zertrümmere das Krankenhauszimmer – in Gedanken. Dann wieder mache ich mit Björn und Emilia ein Picknick im OP, neben all dem Grauen packen wir Pfannkuchen, Trauben und Saft aus und genießen unser Zusammensein als Familie – in Gedanken. Ich springe aus dem Krankenhausfenster und lande in einem Heißluftballon, der mich davonträgt, sodass das Krankenhaus unter mir immer kleiner wird, ich davonfliege – in Gedanken. Ich sitze mit Jesus in einem Paddelboot und fahre davon, übers Wasser, weit, weit weg von allem, mit meiner Familie zusammen – in Gedanken.

Diese Therapie ist hart. Es gibt Therapietage, da fühle ich mich hinterher, als wäre ich einen Marathon gelaufen. Ich schlafe viel und bin unausgeglichen. Es ist „harte Arbeit“, wie meine Therapeutin zu sagen pflegt. Und dennoch merke ich, wie ich Stück für Stück heil werde. Das dauert Wochen, Monate, Jahre, aber der Weg lohnt sich. Nur so kann ich Situationen meistern, die mich schon im Vorfeld vor Angst lähmen. Der Termin bei meiner Frauenärztin – all die Gerüche, Geräusche und Bilder, die da auf mich einströmen ... ich spiele diese Situation in den Therapiesitzungen durch, überlege mir Hilfsstrategien, die ich anwenden kann. Es hilft – zumindest bis zu einem gewissen Grad. Mehr als einmal habe ich eine Veranstaltung weinend verlassen, weil schwangere Freunde um mich herum waren und ich ihren Anblick einfach nicht ertragen konnte. Ich merke, wie die Erlebnisse, meine Vergangenheit, mein Jetzt mein Leben einschränken. Alles Denken dreht sich nur noch um das fehlende zweite Kind. Dabei fühle ich mich undankbar und schuldig, schließlich habe ich doch eine gesunde, süße Tochter. Wut steigt in mir auf. Diese Macht will ich der Vergangenheit nicht zugestehen; es reicht, dass meine Lebenspläne zerstört wurden, ich will nicht auch noch mein komplettes Leben von den Geschehnissen lähmen lassen. Dafür ist es zu wertvoll, dafür gibt es noch viel zu viel zu sehen, zu erleben.

Wirklich deutlich wird mir das nach einem Telefonat mit meiner ältesten Freundin, bei dem sie mich zu ihrer Hochzeit einlädt und bittet, ihre Trauzeugin zu sein – sie ist im siebten Monat schwanger. Meine erste Reaktion ist: Nein, das kann ich nicht! Dann merke ich, was das für unsere Freundschaft bedeuten würde. Ich sage zu, ich spiele die Situation in vielen Sitzungen durch – und meistere den Hochzeitstag. Vielleicht nicht immer strahlend, aber ohne Zusammenbrüche. Hinterher bin ich stolz auf mich – ich bin wieder einen Schritt weitergegangen und ich weiß, dass es richtig war, mich dieser Situation zu stellen. Die Vergangenheit hat zwar Auswirkungen auf unsere Gegenwart, das ist völlig normal – aber wir bestimmen, wie viel Macht wir den vergangenen Ereignissen zugestehen, wie sehr sie unser Jetzt beeinflussen dürfen. Ich beschließe für mich, dass meine Vergangenheit mein jetziges Leben nur noch begrenzt bestimmen darf. Das ist zunächst eine reine Willensentscheidung. Ich hatte irgendwann keine Lust mehr, nach dem „Warum?“ und dem „Warum ich?“ zu fragen. Es gibt Dinge auf dieser Welt, die werden wir, solange wir leben, nicht begreifen. Wir müssen lernen, damit zu leben. In dem Buch *Der Ritt nach Narnia* von C. S. Lewis fragt Shasta nach vielen Abenteuern und Gefahren Aslan nach seiner Freundin Aravis: *„‚Dann warst du es, der Aravis verwundet hat?‘ ‚Ja, das war ich.‘ ‚Aber warum nur?‘ ‚Kind‘, sagte die Stimme. ‚Ich erzähle dir deine Geschichte, nicht die ihre. Ich erzähle jedem nur seine eigene Geschichte.‘ ‚Wer bist du?‘, fragte Shasta. ‚Ich bin ich‘, erklärte die Stimme.“* Was geht es mich an, wie viele Kinder die anderen bekommen, wie leicht oder wie schwer sie sie bekommen – ich habe meine eigene Geschichte und ich allein muss mit der Hilfe Gottes das Beste aus ihr machen. Auch ein weiterer Text aus dem Buch *Wunder* von C. S. Lewis berührt mich in dieser Zeit sehr:

„Ein Mensch, der aus Erfahrung wüsste, dass ein Ereignis durch sein Gebet verursacht worden ist, würde sich wie ein Zauberer fühlen. Es würde ihm den Kopf verdrehen und das Herz verderben. Der Christ soll nicht danach fragen, ob dieses oder jenes Ereignis aufgrund eines Gebetes geschehen sei. Er soll lieber daran glauben, dass alle Ereignisse ohne Ausnahme Antworten auf Gebete sind; und zwar insofern, als in ihnen, ob sie nun Zu- oder Absagen sind, die Gebete und Bedürfnisse sämtlicher Betroffenen mit berücksichtigt wurden.

Alle Gebete werden gehört, aber nicht alle werden erhört. Wir dürfen uns das Schicksal nicht wie einen Film vorstellen, der zwar größtenteils von selbst abrollt, in den unsere Gebete aber hin und wieder ein paar zusätzliche

Dinge einfügen dürfen. Im Gegenteil: Was der Film uns während des Abspulens darbietet, enthält bereits die Ergebnisse unserer Gebete und sonstigen Handlungen. Ob ein Ereignis aufgrund meines Gebetes geschehen ist, steht nicht zur Debatte. Wenn das, wofür ich gebetet habe, eintrifft, hat mein Gebet stets dazu beigetragen. Trifft aber das Gegenteil davon ein, ist mein Gebet trotzdem nicht ignoriert worden; es wurde in Betracht gezogen und abgelehnt, zum endgültigen Wohle meiner selbst und des Universums.“

Es tut mir gut, die Dimension des Universums in die Gleichung meines Lebens mit aufzunehmen. Die Welt dreht sich nicht um mich. Gott hat eine komplett andere Sichtweise – und wie sehr anders seine Sichtweise ist, hat er uns bewiesen, als er Mattis Emilio in unser Leben brachte.

Björn

„Der Papa wird's schon richten.“ In diesen ersten Tagen und Wochen zu Hause will ich tatsächlich alles richten. Irgendwie im Nachhinein alles festhalten, alles richtig machen und vor allem Emilia und Mirja beschützen. Mirja ist so verletzlich wie noch nie in ihrem Leben, so zerbrechlich. Alles in mir schreit danach, eine Welt zu schaffen, in der ich diesen Schutz bieten kann, den ich an dem Tag der Entbindung nicht bieten konnte. Die Angst verfolgt mich und nimmt von Tag zu Tag zu. Die Angst davor, dass mit Emilia etwas passieren könnte. Ist sie auch gesund? Atmet sie noch in der Nacht? Nimmt sie zu? Wie sehr ich diese Ängste übersteigere, fällt mir erst auf, als Emilia sich verschluckt und mehrere Minuten lang hustet. Ich nehme sie, reiße ihr die Kleider herunter, lege sie auf den Bauch und klopfe auf ihren Rücken. Sie brüllt. Ich klopfe weiter, ohne zu verstehen, dass sie atmen kann, wenn sie schreit. Mirja kommt, ebenfalls verstört durch meine Überreaktion. Wir sehen beide, wie Emilia atmet, aber es dringt nicht zu mir durch. Wie ein gehetztes Tier gehe ich auf und ab, während Mirja Emilia anzieht. „Wir müssen ins Krankenhaus fahren", höre ich mich sagen. Warum sage ich das? Warum finde ich keine Ruhe? Emilia hat sich inzwischen wieder beruhigt. Ich kann es jedoch nicht. „Irgendetwas ist nicht richtig!" Mirja schaut mich an. Sie versteht, dass es hier nicht um Emilia geht. „Ich finde keine Ruhe, bis nicht ein Arzt gesagt hat, dass es ihr gut geht." Ich stehe seltsam neben mir und erlebe die Macht meiner Angst, als wäre ein Tier eingesperrt in meiner Brust. Adrenalin schießt durch meinen Körper und mit weit aufgerissenen Augen rennt mein Herz mit diesem Tier vor dem Tod davon, sucht Sicherheit, Schutz. Die Fahrt zum Krankenhaus wird zum Versuch, dieses Tier zu beruhigen, in Sicherheit zu wiegen. Die Ärztin untersucht Emilia und stellt fest, dass es ihr blendend geht. Es funktioniert, aber beim Zurückkommen wird mir klar, dass ich diese Angst nicht abschütteln, sondern nur beruhigen kann.

Ich schlafe erschöpft ein und erwache am Morgen mit einer irren Gewissheit: Ich bin mir sicher, dass Emilia sterben wird. Wie eine kalte Hand umschließt diese Gewissheit mein Herz. Ich bin verwandelt, verrückt, und ich verstehe, dass ich nicht leben kann, ohne zu vertrauen. Ich muss dieses Vertrauen wiederfinden, dass Emilia leben wird. Dass Mirja leben wird. Dem Tod meiner Frau so nahe gekommen zu sein, hat mich derart erschüttert, dass ich jetzt selbst kaum leben kann. Das Verschlucken und der Hustenanfall von Emilia haben mir wieder gezeigt, dass ich es nicht in der Hand habe. Gar nicht. Ich liege wie versteinert auf dem Sofa. „So geht das nicht weiter", sagt Mirja. „Ich kann so nicht leben", stelle ich fest und beginne um mein Vertrauen zu kämpfen. Nicht Vertrauen in mich oder meine Fähigkeiten, sondern Vertrauen in Gott.

Am Morgen nach der Entbindung hatte ich einen Freund angerufen und gesagt: „Ich weiß nicht, wie ich jetzt noch beten soll. Da ist etwas in mir kaputtgegangen." Ich spüre diese Auswirkungen jetzt. Wie ein Gummiband mit zu viel Zug ist mein Glaube zerplatzt und mit ihm die Sicherheit, die Geborgenheit, das, was Glaube war. Gott vertrauen. Meinem verängstigten Herz fällt das schwer, enorm schwer. Am Nachmittag besuchen uns Freunde – sie sind die Ersten, die Emilia sehen. Für einen Besuch im Krankenhaus war unser Anfang mit Emilia zu schwer.

Sie sind sehr verständnisvoll, vorsichtig, aber auch unsicher. Wie sollen sie sich verhalten? Wir reden etwas, erzählen ein wenig von unseren letzten Tagen, lassen sie ein wenig hineinblicken in unsere Welt. Ich halte Emilia auf dem Arm, halte sie fest, halte sie – warum eigentlich? Teil des Elternseins ist es doch auch, stolz anderen das Kind zu präsentieren, es jemand anderem auf den Arm zu legen. Ich kann nicht. Will nicht. Ich spüre, wie Tränen in mir hochsteigen und die Verzweiflung wiederkehrt. Halten, festhalten, nicht loslassen, fast schon ein Refrain, wiederkehrend in meinem Kopf und meinen Gliedern.

Nein. Stopp. Aufhören. Loslassen. Nur halbbewusst tänzle ich in der Stube auf und ab. Ich muss loslassen, weggeben, anvertrauen. Es packt mich. Ich nehme all meinen Mut zusammen und lege mein Kind bewusst in die Arme meines Freundes. Dabei habe ich das Gefühl, sie zu verlieren. Mein Freund ist überrascht, erfreut und begrüßt Emilia auf seinem Schoß. Ich weine, denn es ist nichts passiert. Nichts Schlimmes ist geschehen und ich verstehe, dass ich in Wirklichkeit nichts in der Hand haben kann, denn wenn ich alles festhalten will, werde ich alles verlieren. Der Papa, der alles richten wird, ist der Vater allen Lebens. Der Gott, der sich selbst gibt und nichts festhält. Ich traue ihm noch nicht ganz, aber ich merke, dass ich ohne mein Vertrauen in ihn weder leben kann noch will.

Ich wünschte, ich könnte sagen, dass ich danach meinen Glauben dort aufgenommen habe, wo er ins Bodenlose gefallen war, denn nichts weniger war geschehen. Das aber ist genau das – wenn das Kartenhaus einmal eingefallen ist, dann ist nicht der Sturz das Problem, sondern das Erkennen, dass man vorher ein Kartenhaus aufgebaut hat. Und der erste Windstoß hat es umgeworfen ...

Was Mirja und mir hilft, wieder auf die Füße zu kommen, ist die Vorbereitung auf Emilias Segnung. Uns ist klar, dass wir sie segnen lassen wollen, weil wir beide die Ansicht teilen, dass sie später selbst entscheiden muss, ob sie den Schritt einer Taufe gehen will.

Wie aber wollen wir um den Segen Gottes bitten? Wie soll das ablaufen? Ich, der ich so viele Gebete gesprochen habe, so viele Gottesdienste vorbereitet, so viele Male Segen über jemandem ausgesprochen habe, bin plötzlich ratlos. Der innere Druck ist hoch, denn bei allem, was wir anfangen, was wir mit Emilia erleben, flüstert eine Stimme: „Nimm es, halt es fest, es ist das einzige Mal, dass du das erleben kannst. Wenn dieser Moment vorbei ist, dann ist er vorbei. Nie mehr.“ Unglaube. Vielleicht ist das Wort zu stark, aber Glaube ist es keiner, zumindest kein Glaube, der auf alles hofft, an alles glaubt und das Unsichtbare sehen kann.

Wir suchen lange nach einem Vers, der wiedergeben kann, was wir mit Emilia fühlen, wie unsere Gottesbeziehung aussieht. Fündig werden wir schließlich in der Dunkelheit, in der Verschwommenheit unserer Sicht:

„Jetzt sehen wir nur ein unklares Bild, wie in einem trüben Spiegel; dann aber schauen wir Gott von Angesicht. Jetzt kennen wir Gott nur unvollkommen; dann aber werden wir Gott völlig kennen, so wie er uns jetzt schon kennt.“ (1. Korinther 13,12)

Ein seltsamer Vers, um ihn auf eine Geburtsanzeige zu drucken. Unsere Freunde aber verstehen und fühlen mit. Und das ist auch die Lösung des Rätsels um das „Wie“ der Segnung. Wir bitten Freunde, ob sie das gestalten, was wir nicht gestalten können. Freunde, die Worte finden, die wir in unserem Glauben nicht mehr klar formulieren können. Unsere Freunde, unter ihnen auch die beiden, die uns zuerst besucht hatten. Ihr Geschenk, ihr Ausdruck des Segens und damit auch ihre gefundenen Worte sind ein Lied. Die Stimme unserer Freundin bricht ein wenig, als sie sagt, dass sie uns wünscht, dass wir das wiederfinden mögen, von dem der Autor dieses Liedes spricht:

Like snow is falling to the ground
I know you're there, you're all around
Like snow is dancing in the air,
I know you're there, I know you care
For me
Even if I don't see

At least I can – believe
Like water's running down a stream
You touch my heart, you make it clean
Like sun is lightning up the day
I know you will forever stay
With me
Even if I don't see
At least I can – believe

(Rechte: Gerd Böttler, September Leaves, aus dem Album „Cover the sky with gold")

Wie Schnee, der auf die Erde fällt
Bist Du da, Du bist überall
Wie Schneeflocken in der Luft herumtanzen
So weiß ich, dass Du da bist
Ich weiß, dass Du mich nicht allein lässt
Auch wenn ich es nicht sehen kann
So kann ich es doch glauben
Wie Wasser, das einen Bach entlangläuft
Berührst Du mein Herz und reinigst es von innen heraus
Wie die Sonne dem Tag das Licht gibt
So weiß ich, dass Du für immer bleiben wirst –
Bei mir
Auch wenn ich es nicht sehen kann
So kann ich es doch glauben

(Übersetzung: Björn Wagner)

Ich glaube, dass in diesem Moment, fast unbemerkt, etwas Merkwürdiges passiert ist: Der Glaube unserer Freunde hat Platz genommen in unserer Verschwommenheit, mitten in unserem Trüben, und hat Licht gebracht. Unsere kleine Familie hat in diesem Moment gefühlt, gemerkt und gewusst, dass wir nicht allein sind. Auch wenn wir es nicht sehen konnten, konnten wir doch wieder glauben. Später, als ich Bonhoeffer las, war mir klar, was er meinte, als er sagte, dass „der Christus im Anderen größer ist als der Christus in mir“. Wir haben durch und mit unseren Freunden neu gelernt zu glauben.

3

Mattis Emilio

14. September 2009

Björn

Ich sitze etwas verpeilt vor meinem Computer und versuche mich auf meine Studiensachen zu konzentrieren. Alles spricht dafür, dass wir als Familie eine der intensivsten Zeiten unseres Lebens erleben werden. Ich bin beim CVJM von einer vollen auf eine halbe Stelle heruntergegangen, damit Mirja und ich gemeinsam die Studienleitung eines kleinen theologischen Seminars hier in Karlsruhe übernehmen konnten. Darauf freuen wir uns beide. Gemeinsam als Familie haben wir uns auch dazu entschlossen, dass ich nochmals studieren werde – das Studienprogramm „Gesellschaftstransformation" –, berufsbegleitend. Daneben steht ehrenamtlich einiges an, wie zum Beispiel die Organisation einer Konferenz im Oktober. Es gibt also viel zu tun.

Emilia und Mirja sind unterwegs – wohin wohl? Ich kann mir ein Lächeln nicht verkneifen. Natürlich. Die kleine Buchhandlung am Eck. Bücher kaufen. Was auch sonst? Ich tauche wieder in die Welt der Theologie ein, ordne, sichte, schichte Unterlagen und freue mich. Langweilig ist unser Leben nicht. Der Familienalltag läuft gut – es ist sogar ein Kindergartenplatz in Sicht.

Das Telefon klingelt und ich werde aus meiner Gedankenblase zurück in die Realität gezogen. Ach, so ein Ärger, wer will denn jetzt etwas von mir? „Guten Tag – das Adoptionsbüro in Karlsruhe." Ich werde blass. „Ja?" „Heute Morgen ist ein Kind geboren worden, das Sie adoptieren könnten. Was sagen Sie?" „Äh – ja – also", stammle ich ... mir wird heiß und kalt. Ein Kind adoptieren. Jetzt gleich? „Ich muss erst meine Frau holen." „Bringen Sie eine Kamera mit, wir treffen uns dann hier im Büro, das wird das Beste sein – das Kleine ist etwas ganz Spezielles." „Wir kommen, so schnell wir können!"

Ich lege auf. Starre die Wand an. Adoptieren? Ja, wir wollten adoptieren, aber jetzt? „Es geht ganz schnell, wenn ich anrufe", hatte unsere Begleiterin vom Amt gesagt. Schnell. Ja, aber so schnell?! Gegen den Knoten in meinem Hals setzt sich immer wieder die Freude durch. Ein Kind. Und es ist heute geboren worden. Ich mache mich auf den Weg, die Straße hinunter zur Buchhandlung – zwei Minuten Fußweg. Das muss ich ihnen persönlich erzählen. Mit jedem Schritt wird die Mixtur aus Angst vor dem, was jetzt kommt, und Freude über diese Nachricht unzertrennlicher. Wir können ein Kind adoptieren. So schnell – ich erinnere mich ...

Mirja

Es hat einige Zeit gedauert, bis wir den endgültigen Schritt wagten und beim Jugendamt anriefen, um einen Gesprächstermin zu vereinbaren. Gesprochen hatten wir über Adoption immer wieder, aber bisher war es beim Reden geblieben. Zu viele Ängste, Zweifel und Fragen schwirrten durch unsere Köpfe. Was ist, wenn wir nie ein Kind zur Adoption angeboten bekommen? Werden wir überhaupt als adoptionswürdig angesehen? Und wenn wir tatsächlich ein Kind zugesprochen bekommen, wie wird dieses Kind sein? Wie alt ist es? Wie kommt Emilia mit der neuen Situation klar? So viele Fragen; Fragen, die uns regelrecht lähmten und uns davon abhielten, den Telefonhörer in die Hand zu nehmen und beim Jugendamt anzurufen. Doch dann passierte mit mir etwas, was ich bis dahin noch nie so erlebt hatte. Ich überließ die Entscheidung, ob wir ein Kind bekommen oder nicht, komplett Gott. Das war ein ganz neuer Schritt für mich: Klar, ich hatte für Prüfungen und dergleichen gebetet und auch geglaubt, dass Gott mir in den jeweiligen Situationen helfen könne, aber ich hatte immer so gelernt und gearbeitet, als würde Gott es eben nicht tun. Ich hatte auf Nummer sicher gehen wollen. Dieses Mal war das anders. Wenn Gott wirklich wollte, dass wir ein Baby adoptierten, dann würde es klappen – ohne eine Anstrengung, die über unsere Kräfte ging. Denn viel Kraft hatten wir nicht vorzuweisen. Die Geburt von Emilia und die Zeit danach hatten an uns gezehrt – einer der Gründe, warum wir eine Inlandsadoption anstrebten. Eine Auslandsadoption würden wir im Moment – vom Geld mal ganz abgesehen –, kräftemäßig nicht schaffen. Immer wieder betete ich, dass Gott uns – wenn es sein Weg für uns sein sollte – ein Kind schenken möge. Aber ich betete auch für Frieden und dass ich, sollte seine Entscheidung anders ausfallen, auch dies würde akzeptieren können. Wenn Gott die Tür zur Adoption verschließen würde, dann sollte das vielleicht nicht unser Weg sein, dann hatte er vielleicht einen anderen Weg für uns. Jeder erfährt nur seine eigene Geschichte.

Und dann haben wir angerufen und einen Termin mit dem Jugendamt vereinbart. Emilia ist von Anfang an bei allen Gesprächen dabei. Das erste Gespräch ist noch recht formell, uns wird das genaue Vorgehen bei einer Adoptionsbewerbung erklärt und wir werden deutlich darauf hingewiesen, dass niemand uns versprechen könne, dass es mit einer Adoption klappt, denn es würden immer die passenden Eltern für das Kind gesucht, nicht umgekehrt. Wenn wir für adoptionswürdig befunden würden, hieße das noch lange nicht, dass wir auch ein Kind bekämen. Zudem könne niemand sagen, wie lange der ganze Prozess dauern werde. Zwischen zwei Wochen und mehreren Jahren sei alles möglich. Wir schlucken, wollen es aber wagen, denn wir sind uns sicher: Gott weiß, was er macht.

Björn

Dieser ganze Prozess der Adoption ist nicht so schlimm, wie ich befürchtet habe. Also eigentlich gar nicht. Der ganze Prozess besteht aus Gesprächen – und reden kann ich. Die Frau vom Jugendamt ist eine gute Gesprächspartnerin, die ganz natürlich auf die Punkte kommt, die wichtig sind. Es ist nichts aufgesetzt, nichts zu steif. Wir fühlen uns vom ersten Augenblick an gut begleitet.

„Adoption war früher mal die Entscheidung von

Familien, dass sie ja auch noch ein Kind ohne Eltern aufnehmen könnten, weil sie die Möglichkeiten dafür hatten – das ist schon lange nicht mehr so. Heute ist es zu einem weiteren Weg der Familienplanung geworden. Die meisten Paare entscheiden sich dabei für eine Adoption aus dem Ausland." Wir schauen uns an. Auslandsadoption. Kommt das für uns in Frage? „Ich will ganz ehrlich zu Ihnen sein: Die Kosten sind enorm. Anwaltskosten, und zudem leben die Waisenhäuser zu großen Teilen von Adoptionen." Wir schlucken, als wir den fünfstelligen Betrag hören. Ich rechne unser Erspartes zusammen. Auch wenn es schwer wird und wir vermutlich deutlich länger warten müssen, ist uns irgendwie klar, dass wir zunächst eine Inlandsadoption anstreben werden. „Die Wartezeiten können da schon lang sein." Mir gefällt die Ehrlichkeit unserer Beraterin, sie redet nicht lange drum herum. Es ist halt doch ein Weg, ein Wagnis. Aber es ist richtig. Ich bin mir über meine Motivation nicht so ganz im Klaren, einerseits haben wir Emilia und sind glücklich mit ihr – sie entwickelt sich wunderbar, ist ein aufgewecktes Kind –, andererseits ist da dieser Stich im Herzen. „Einzelkind", ich hasse dieses Wort. In christlichen Kreisen sind Ein-Kind-Familien eher die Ausnahme. Man bekommt Kinder, viele Kinder. „Wann kommt denn das Zweite?", haben uns schon mehrere Paare gefragt. Unsere Reaktion war häufig alles andere als ausbalanciert. Wir wollen adoptieren, wollen eine große Familie, haben es dabei aber nicht eilig. Mirja macht mir Mut. Sie besteht auf ihrer Meinung, dass Gott entweder ein Kind für uns hat oder eben auch nicht. Diese Einstellung habe ich irgendwie noch nicht verinnerlicht, aber es reicht mir, dass Mirja sie hat. Sie ist sehr sicher in dem, was sie sagt und wie sie es sagt. Im Nachhinein fühlt es sich für mich wie die Sicherheit an, die sie in der Toskana hatte, dass sie mit Emilia schwanger ist. Sie wusste es einfach, und ich musste es nicht hinterfragen, sondern konnte es direkt so annehmen.

Im Verlauf der Adoptionsbewerbung wird auch unsere eigene Familiengeschichte unter die Lupe genommen. Wer war wichtig in unserem Leben? Bei einer Puppen-Familienaufstellung erzählen wir die Geschichten unserer Familien und erfahren dabei selbst Neues voneinander. Ein Punkt aus Mirjas Familiengeschichte sticht uns besonders ins Auge: Mirjas Oma war selbst ein Pflegekind, eine Halbwaise – ihre Mutter zu arm, um die Tochter großzuziehen, zu ernähren. Doch da waren Menschen, die sich ihrer angenommen haben. Inwiefern sie es dort gut hatte – es waren harte, arbeitsreiche Zeiten –, ist die Frage, aber jemand war da, der sich um sie gekümmert hat – und sie durfte leben, durfte eine Familie gründen, Kinder und Enkelkinder bekommen und ein Segen sein.

Irgendwie wirken diese Gespräche ohnehin therapeutisch auf mich. Mir wird dabei immer bewusster, dass ich wirklich ein Kind adoptieren möchte. Nicht weil ich eins bräuchte, als ob das Kind etwas für mich leisten sollte oder ein Loch zu füllen hätte. Nein, einfach weil ich ein Vater, weil wir Eltern für ein weiteres Kind sein können. Es auf seinem Lebensweg begleiten, zur Selbstständigkeit führen, all das, was Eltern einfach tun. Natürlich würden wir uns über das Kind freuen, natürlich wünschen wir uns noch ein Kind. Der Weg, wie es zu uns finden sollte, würde einfach ein anderer sein. Wir erfahren in den Gesprächen, dass die halboffene Adoption die Regel ist – Kontakt zwischen den leiblichen Eltern, wenn beide vorhanden sind, und den Adoptiveltern. Natürlich haben wir davor Angst, aber wir merken beide, dass wir dem Kind etwas vorenthalten würden, wenn es diesen Kontakt nicht haben dürfte. Wovor ich ziemliche Angst habe, ist etwas, das wohl nicht so selten vorkommt: Die werdende Mutter trifft mit dem Kind im Bauch auf die zukünftigen Adoptiveltern. Einfach, damit sie sich sicher sein kann, dass das Kind, das sie zur Adoption freigeben wird, in gute Hände kommt. Könnte ich in so einer Situation stark sein? Wie würde Mirja darauf reagieren? Wäre genau das nicht einfach zu viel für sie?

Aber letztlich lerne ich durch sie neu, Gott zu vertrauen – dieser ganze Weg mit all den Fragen, die ich an Gott habe, findet in der Zuversicht meiner Frau Frieden. Immer und immer wieder betont sie, dass alles in seinen Händen ist – wenn ich all das Revue passieren lasse, dann stelle ich fest, dass Mirjas Gottvertrauen viel früher zurückgekehrt ist als meins. Irgendwie ist mir die Kreißsaalsituation noch zu präsent, meine eigene Ohnmacht, die Angst, die Zweifel. Für Mirja hingegen scheint es – beinahe wie während der Wanderung in der Toskana – kaum Zweifel daran zu geben, dass Gottes Wege die besten Wege sind. Und das gilt auch für den schwierigen Weg einer offenen Adoption. „Er weiß, was er uns zumuten kann, und es ist nie mehr, als wir tragen können“, sagt sie mehr als einmal. Seltsam. Früher war das mein Spruch. Ich fühle mich in diesem ganzen Prozess der Adoption immer wieder von Mirja getragen.

Als Vater merke ich aber auch, dass es in meinem Herzen Platz für ein weiteres Kind gibt. Wir reden auch offen über Pflegekinder, und eine nette Dame vom Jugendamt stellt uns das Pflegekinderprogramm vor. Wir sind uns allerdings sicher, dass unser Thema zunächst die Adoption sein soll, danach können wir uns neu zusammensetzen und über Pflegekinder nachdenken. Wir reden in dieser Zeit viel über Behinderungen von Kindern und ungewollte Kinder. Jede Meldung in den Nachrichten, die von einem Familiendrama handelt, von Eltern, die ihre Kinder vernachlässigen oder gar verletzen, sticht mir ins Herz. Ich nehme Kinder um mich herum nun anders wahr.

Mirja

Nachdem wir all die Gespräche hinter uns gebracht haben, gilt es noch, einige Formulare auszufüllen, wobei ich mir das Ganze immer viel aufwendiger und komplizierter vorgestellt habe. Wir füllen einen Fragebogen aus, müssen viele – auch schwierige und heikle – Fragen rund um Kinder und Erziehung beantworten und ein Gesundheitszeugnis vorlegen.

Viele dieser Fragen fordern mich heraus, ganz neu über meine Vorstellungen von Erziehung nachzudenken. Und über die Frage, was ich will. Ein wichtiger Punkt, der sowohl in den Gesprächen als auch in den Fragebögen angesprochen wird, ist das Thema Behinderung. Würden wir uns zutrauen, ein behindertes Kind aufzunehmen? Alle Eltern wünschen sich, dass ihr Kind gesund zur Welt kommt. Wenn es dann doch entgegen aller Hoffnung mit einer Behinderung geboren wird, ist das meist ein großer Schicksalsschlag. Doch als Eltern lernt man, sich mit der neuen Situation so gut wie möglich zu arrangieren. So oft habe ich Geschichten gehört, in denen berichtet wird, wie schwer der Anfang mit dem behinderten Kind war, doch wie viel Freude seitdem in die Familie eingekehrt ist. Diese Eltern sind nicht in ihrem Pessimismus stecken geblieben, sondern haben sich auf die schönen Momente konzentriert. Doch wie ist das, wenn man vor die Wahl gestellt wird? Letztlich können wir im Vorfeld entscheiden, ob unser Kind auch eine Behinderung haben darf, welche Hautfarbe es haben soll, ja, sogar das Geschlecht könnten wir festlegen. Diese Erfahrung ist eine der schwierigsten im ganzen Adoptionsprozess für mich. Ich fühle mich schlecht, komme mir vor, als würde ich aus einem Warenhauskatalog das perfekte Kind auswählen. Ich taste mich an die Entscheidung heran: Das Geschlecht ist uns nicht so wichtig, auch die Hautfarbe ist für uns kein ausschlaggebender Punkt, doch wie sieht es mit einer Behinderung aus? Über diese heikle Frage führen Björn und ich lange Gespräche. Letztlich ist es die Frage danach, was wir uns zutrauen. Es gibt Behinderungen, die sind eine Lebensaufgabe, und es gibt Behinderungen, mit denen man das Leben als Familie gemeinsam gut meistern kann. Ich sehe mir Emilia an und mir wird klar, dass ich auch an sie denken muss. Ein behindertes Kind würde auch ihre Lebenswelt auf den Kopf stellen, würde bedeuten, dass ich mich nicht mehr so um sie kümmern könnte, wie ich es mit einem gesunden Geschwisterchen tun könnte. Ich sehe mir Björn an, der einen Job hat, der viele Abend- und Auswärtstermine mit sich bringt, Abende und Tage, an denen ich mit den Kindern allein wäre. Andererseits hätte ich, wäre die Geburt anders verlaufen, selbst ein behindertes Kind zur Welt bringen können, und in diesem Fall hätten wir uns ja auch mit der neuen Situation arrangiert – wie so viele Familien.

Ich schiebe die Entscheidung immer wieder vor mir her. Fühle mich schlecht dabei, mein Kreuz auf dem Formular zu machen. Es ist so endgültig, irgendwie so berechnend. Letztlich ist es wieder unsere Begleiterin vom Jugendamt, die uns in dieser Frage hilft. Sie macht uns Mut, ehrlich mit uns zu sein, ganz ohne schlechtes Gewissen. „Sie haben immer die Möglichkeit, Nein zu sagen, wenn ich Ihnen ein Kind zur Adoption anbiete, und ich möchte Sie ermutigen, genau das dann auch zu tun, wenn Sie die geringsten Zweifel haben. Sie treffen eine Entscheidung fürs Leben." Ich muss mich damit abfinden, dass Adoption einfach ein anderer Weg ist, ein Kind zu bekommen, ein Weg, bei dem man sich Fragen stellen muss, die man sich bei einer Schwangerschaft nicht gestellt hätte, weil man sowieso keine Möglichkeit gehabt hätte, irgendetwas zu beeinflussen. Das habe ich bei meiner Schwangerschaft mit Emilia nur zu gut am eigenen Leib erfahren. Also treffen wir eine Entscheidung – und legen uns dennoch nicht endgültig fest. Geschlecht und Hautfarbe sind für uns kein entscheidendes Kriterium. Das Leben mit einem behinderten Kind würden wir bis zu einem gewissen Maß als Familie bewältigen können, doch letztlich müssen wir abwarten, welches Kind uns angeboten wird – und dann gemeinsam überlegen, ob wir diese Herausforderung schaffen würden. Und wir müssen uns immer wieder sagen, dass wir auch Nein sagen dürfen. Nein, das schaffen wir als Familie nicht, das geht über unserer Kräfte. So ehrlich müssen wir mit uns sein, auch um des Kindes willen.

Dann kommt der letzte Gesprächstermin, bei dem uns unsere Adoptionsbetreuerin sagt, dass sie uns für adoptionswürdig hält und wir nun auf der Warteliste stehen. Wir freuen uns, auch wenn uns klar ist, dass nun das Warten, die Unsicherheit beginnt. Trotzdem gehen wir essen, um diesen Schritt zu feiern. Ganz bewusst, auch wenn der Ausgang noch offen ist.

Die Zeit, die nun folgt, ist geprägt von einem Wirrwarr an Gefühlen. Alles ist möglich. Es kann sein, dass in zwei Wochen ein Telefonanruf kommt und wir die Eltern eines zweiten Kindes werden dürfen. Genauso gut ist es aber auch möglich, dass dieser Anruf nie kommen wird. Dieses Warten empfinde ich mit der Zeit als immer schwieriger. Auf der einen Seite möchte ich mir die Möglichkeit einer Adoption immer im Bewusstsein halten, damit ich nicht aus allen Wolken falle, wenn der entscheidende Anruf kommt. Es kann täglich so weit sein. Auf der anderen Seite möchte ich aber auch nicht die ganze Zeit über unseren Adoptionsantrag nachdenken, denn vielleicht klingelt das Telefon nie. Für diesen Fall versuche ich mich schon jetzt immer wieder mit der Tatsache abzufinden, dass wir womöglich „nur" ein Kind haben werden und dass dies die Geschichte sein wird, die Gott sich für uns ausgedacht hat. Eine Geschichte mit ihrer eigenen Schönheit, eine Geschichte, für die ich dankbar sein kann. Ich fühle mich zerrissen zwischen Hoffnung und dem krampfhaften Versuch, den Verlauf meines Lebens zu akzeptieren. Immer wieder drehen sich meine Gebete um dieses Thema. Ich will dankbar sein und doch hoffen. Aber wie lange halte ich das durch, vor allem, wenn um mich herum meine Freunde die ersten und zweiten Kinder bekommen? Immer noch versetzt mir jede Schwangerschaft einen Stich ins Herz, gleichzeitig habe ich ständig ein schlechtes Gewissen, weil ich mich für undankbar halte. So viele Paare wünschen sich ein Kind und können keines bekommen. Ich habe ein gesundes Mädchen und schiele trotzdem auf die anderen. Immer wieder die anderen. Das Warten fällt mir schwer.

Zudem muss unser Leben weitergehen. Wenn man plant, ein Kind zu bekommen, wird man in den seltensten Fällen ein neues Studium oder einen neuen Job anfangen. Wenn man aber vor einer Adoption mit ungewissem Ausgang steht, ist es schwer, sein Leben anzuhalten, denn dies könnte bedeuten, die nächsten fünf oder gar zehn Jahre nichts Neues zu beginnen. Aus diesem Grund entschließen wir uns, in unserem Leben weitere Schritte zu gehen. Zu warten, zu hoffen – und doch zu gehen. Im September 2009 beginnt Björn mit einem Doktorandenstudium in Marburg, zusammen treten wir eine neue Arbeitsstelle an und Björn reduziert seine Vollzeitstelle auf fünfzig Prozent. Zwei Wochen später kommt der ersehnte Anruf, ein Anruf, der unser Leben durchrütteln wird, auf den wir gehofft und gewartet haben. Gott hat seine ganz eigenen Zeitpläne.

* * *

Und dann sitzen wir im Auto, sind unterwegs zum Jugendamt. Es herrscht Feierabendverkehr und ich stehe unter Schock. Noch verspüre ich wenig Freude, ich bin so überrumpelt und habe Angst vor dem, was da auf uns zukommt. Wir wissen nur – ein Kind ist geboren. Wir wissen nicht, ob es ein Junge oder ein Mädchen ist. Wir wissen nicht, ob das Kind gesund ist. Wir wissen nichts über seinen Hintergrund. Aber ist das überhaupt wichtig? Ein Baby ist geboren – und wir dürfen seine neuen Eltern werden. Draußen rauscht die Stadt vorbei, in meinem Kopf summt und surrt es. Meine Gedanken huschen durcheinander, halten nur kurz inne, um gleich wieder anderen Platz zu machen. Diese Autofahrt ist eine der anstrengendsten, an die ich mich erinnern kann.

Wir parken und betreten das Jugendamtgebäude. Uns ist mulmig zumute, als wir die Treppen hinaufsteigen, aber irgendwie sind wir auch freudig gespannt – eine Spannung, die sich nicht so einfach auflösen lässt. Endlich sind wir im Büro unserer Adoptionsbegleiterin angekommen. Eine Praktikantin ist auch noch dabei. Wir setzen uns an den Tisch, an dem wir schon so viele Fragen beantwortet, so viele Gespräche geführt haben. Nun – neun Monate später –, warten wir darauf, dass wir etwas über unser zukünftiges Kind erfahren.

„Heute Morgen um acht Uhr wurde hier in Karlsruhe ein Baby geboren. Es ist ein Junge. Seine leibliche Mutter hat ihm den Namen ‚Emilio' gegeben." Ein Lächeln huscht über unsere Gesichter und eine Last fällt von mir ab. Das ist der Moment, in dem ich „Ja" sage zu diesem Baby, zu allem, was folgen wird. Ich habe das Gefühl, dass Gott dasitzt, ganz breit lächelt und sich mit uns freut. Für mich ist nun alles klar, noch bevor ich den Rest der Geschichte gehört habe. Dieses Kind wird unser Kind, ein Teil unserer Familie sein. Wir bekommen noch ein paar Informationen über die leiblichen Eltern und dann machen wir uns gemeinsam auf den Weg ins Krankenhaus. Um unseren Sohn in den Arm zu nehmen. Als wir das Gebäude verlassen, bringt Emilia es auf den Punkt: „Da bin ich aber überrascht!" Oh ja, wie recht sie hat.

Björn

Wir sind auf dem Weg ins Krankenhaus. Ich bin so froh, dass es nicht das Städtische Krankenhaus ist. Zu viele schmerzhafte Erinnerungen wären damit verbunden gewesen. Wir suchen uns einen Parkplatz und gehen mit den beiden Damen hinein. Immer noch kämpfen in meinem Innern Vorfreude und Furcht miteinander – kann ein Herz so laut und kräftig klopfen, ohne aus dem Brustkorb zu springen? In einem der Bücher, die mir in den letzten Jahren so lieb geworden sind, heißt es: „Eine wilde Hoffnung ergriff ihre Herzen." Wild war die Hoffnung wirklich. Kann denn das sein? Gibt es so etwas wirklich? Oder ist da ein Haken? Was ist, wenn da doch noch irgendetwas ist? Die Emotionen drohen die Überhand zu gewinnen und ich bekomme sie nur mühsam in den Griff: Nein, wir gehen jetzt dahinein und sehen, was dort auf uns wartet. Unsere wilde Hoffnung wird nicht enttäuscht – oder?

14. September 2009, 18:00 Uhr

Mirja

Als wir das Krankenhaus betreten, bin auch ich so dankbar, dass es nicht dasselbe Krankenhaus ist, in dem Emilia zur Welt gekommen ist – zu nah sind noch immer all die Erinnerungen. Wir werden immer nervöser. Gleich werden wir unseren Sohn sehen. Wie oft hat man solche Situationen schon in irgendwelchen Filmen gesehen, doch wenn man selbst mittendrin steckt, erscheinen einem all die Hollywoodszenen wie ein billiger Abklatsch der Realität. Wir erreichen die

Entbindungsstation. Überall hängen Bilder von glücklichen Babys mit noch glücklicheren Eltern. Mir ist mulmig zumute. Solche Bilder bedrücken mich noch immer, stoßen mich regelrecht ab. Ich selbst habe dieses „reine, vollkommene" Glück so nicht erlebt, obwohl ich es mir so sehr gewünscht hatte. Und auch unser kleiner Sohn, der hier irgendwo allein in seinem Wärmebettchen liegt, ist mit einer Geschichte auf die Welt gekommen, die er sich so nicht ausgesucht hat, die so sehr abweicht von diesen Bildern, einer Geschichte, mit der er lernen muss zu leben. Und doch hat sie ihre besondere Schönheit – und plötzlich sehe ich uns als Familie und stelle fest, dass auch wir ein wunderschönes Familienbild abgeben, anders als die Bilder an diesen Wänden, vielleicht mit mehr Kanten und einigen Rissen, aber eben mit einer ganz eigenen Schönheit.

Wir sind vor dem Kinderzimmer angekommen. Die Spannung ist unerträglich, vor allem, weil die Tür, die mit einem Zahlenschloss gesichert ist, der Krankenschwester scheinbar etwas Probleme macht. Doch dann geht sie auf und unser Sohn, der kleine Emilio, wird in seinem Bettchen herausgefahren. Wir staunen. Er ist so winzig, so wunderschön. Die Schwester legt ihn uns in die Arme und wir können unsere Augen nicht von ihm lassen. Emilia streichelt ihm ganz behutsam über den Kopf, sie ist fasziniert von diesem winzigen Geschöpf, kann nicht begreifen, was hier gerade passiert. Unsere Adoptionsbetreuerin und die Praktikantin, die uns beide begleitet haben, stehen im Hintergrund, ich nehme sie nur noch unklar wahr. Sie bieten uns an, Fotos zu machen. Ich bin dankbar dafür, denn wir selbst hätten vermutlich nicht daran gedacht, so sehr sind wir von dem kleinen Kerl in unseren Armen gebannt. Jetzt, wo wir ihn bei uns haben, ihn spüren und riechen, ist für uns endgültig klar: Dies ist unser kleiner Sohn, Emilias kleiner Bruder. Er ist Teil unserer kleinen Familie, Teil unserer großen Familie – Mattis Emilio. Wir sind uns sicher, alle Freunde und Verwandten werden ihn willkommen heißen – und wir haben uns nicht getäuscht.

Björn

Jetzt liegt er in unseren Armen und ich mag ihn nicht mehr gehen lassen. So klein, so winzig. Die ganze Familie ist erstaunt. Die Händchen. Das süße Gesicht. Ein Baby, ein Junge, unser Sohn, Bruder, Geschenk und Freude. Alles ist vergessen in diesem geschenkten Augenblick.

Die nächsten drei Tage sind ausgefüllt von diesem Geschenk und von ungeduldigem Warten, denn wir können Mattis Emilio nicht direkt mitnehmen, er ist zu früh gekommen. Irgendwie ist er noch nicht bereit für diese kalte Welt. Er hat Probleme mit seinem Wärmehaushalt und muss in einem beheizten Bettchen liegen. Wir geben ihn also wieder dorthin zurück und sind zum ersten Mal in diesem Adoptionsprozess wirklich frustriert: Keiner von uns darf im Krankenhaus bleiben. Wir seien schließlich nicht krank, sagt man uns. Wir dürfen ihn während der Besuchszeiten sehen. Da ist nichts zu machen. Gerade in diesen ersten Stunden seines zarten Lebens liegt unser Kleiner allein in einem Glaskäfig im Frühchenzimmer. Es bricht uns das Herz – wir sagen alles ab, um in den nächsten Tagen so oft bei ihm zu sein, wie es nur geht. Die Telefonate mit den erstaunten Großeltern, den Geschwistern und Freunden sind Sternstunden: So viel Gutes und Positives, so viele Freudentränen auf allen Seiten. Die Freude lässt sich kaum in Worte fassen. Gleich am nächsten Morgen fahre ich ins Krankenhaus und nehme Mattis Emilio aus dem Bettchen. Er ist in zig Decken eingepackt. Nachdem ich das kleine Wesen bestaunt, befühlt und ausgiebig geherzt habe, stecke ich es einfach in meine Trainingsjacke. Tragetuch habe ich keines dabei und ich fühle, dass der Kleine Kontakt braucht. Einen Körper. Er ist so klein, dass ich meine Jacke problemlos zubekomme. Nach einem Check, ob er auch Luft bekommt, beginne ich mit der Pflichtlektüre für mein neu begonnenes Studium. In den nächsten Tagen werde ich weniger Zeit dafür haben, darum lieber jetzt bereits etwas lesen, während Mattis an meiner Brust schläft und seine winzigen Atemzüge nimmt. Mirja wird mich später ablösen, wenn ich zum CVJM zur Arbeit fahren muss. Nicht alles ist so einfach abzusagen.

Mirja

Wieder zu Hause angekommen, dreht sich immer noch alles in meinem Kopf. Wir haben einen Sohn, unverhofft und doch erwartet. Es bricht uns das Herz, ihn allein in diesem Krankenhauszimmer zurückzulassen. Wie gerne wäre einer von uns bei ihm geblieben, aber leider ist es nicht möglich, ein Familienzimmer zu bekommen. So müssen wir ihn die Nacht über wieder in die Hände der Krankenschwestern geben. Jetzt haben wir drei Tage Zeit, alles Nötige zu organisieren. Dank Emilia sind wir mit den meisten Sachen gut ausgestattet, aber die Wiege hatten wir uns damals nur ausgeliehen und so müssen wir schnellstens ein Bettchen für Mattis Emilio besorgen. Am Abend führen wir zahlreiche Telefonate. Die meisten Babykleider habe ich bei meinen Eltern eingelagert, die sechshundert Kilometer entfernt wohnen. Sie machen noch am selben Abend ein Paket fertig – und Mattis muss damit leben, dass er die ersten Tage häufiger in rosa Kleidung gesteckt wird. Viele unserer Freunde bieten uns Hilfe und Kleider an, bringen uns den herrlichsten Schokoladenkuchen vorbei. Alle freuen sich mit uns – und staunen über dieses Wunder.

Jeden Tag fahren wir ins Krankenhaus. Während einer von uns bei Mattis bleibt, macht der andere Einkäufe: Windeln, Fläschchen, Nahrung, Schnuller – ganze Autoladungen fahren wir nach Hause. Irgendwann klingeln wir bei unseren Nachbarn, die noch gar nicht wissen, dass bald ein neuer Mitbewohner einziehen wird. Sie freuen sich riesig mit uns, und unsere Nachbarin, die unsere Geschichte kennt, erzählt uns, dass sie sich gerade in den letzten Tagen gefragt habe, warum wir nicht noch ein Kind adoptierten. Wieder eine Bestätigung für den Weg, den wir eingeschlagen haben.

Björn

Der Moment, in dem wir mit Mattis Emilio das Krankenhaus verlassen und ihn mit nach Hause nehmen, ist einer der bewegendsten Momente meines Lebens. Ich durfte einmal meine Frau lebendig gemeinsam mit meiner Tochter nach Hause fahren, jetzt sind wir zu viert unterwegs. Der Kindersitz wird noch einmal gebraucht. Habe ich damit gerechnet? In guten Momenten habe ich sicherlich davon geträumt. Aber habe ich es wirklich geglaubt? Ich bin mir nicht sicher und es ist auch nicht wichtig. Aus irgendeinem Grund schwebt ein Heißluftballon am Himmel und steigt immer höher, während wir unsere kostbare Fracht zum Auto bringen. Glück. Unser Glück an diesem Tag ist mehr als die heiße Luft, die den Ballon steigen lässt. Es ist ein Leben, ein verändertes Leben. Wir wissen, dass Mattis Emilio auch mit drei Tagen seine Geschichte mitbringt, dass er keine glückliche Schwangerschaft hinter sich hat, und auch dass seine leibliche Mutter ihn abgeben wollte, weil sie ihn nicht versorgen konnte. Wir sind ihr aber bis zum heutigen Tag unendlich dankbar dafür, dass sie ihm das Leben geschenkt hat. Ein Leben, das unser Leben auf den Kopf stellt. Dramatisch. Er wiegt fast nichts, und diese Leichtigkeit des Seins erfasst mein Herz. Unglaublich, verrückt. Wir haben ein Baby bekommen.

Mirja

Als wir zu Hause ankommen, schwirrt mir der Kopf. Alles erscheint mir so unwirklich und doch zum Greifen nahe. Da liegt er – unser Sohn. Wie schön, ihn daheim zu haben. Willkommen zu Hause, kleiner Mann. Bereits am ersten Tag bekommen wir Besuch von guten Freunden und ich bin ihnen dankbar dafür. Sie freuen sich mit uns – und spielen mit Emilia, während die Hebamme nach dem kleinen Mattis Emilio schaut. Als Familie müssen wir erst einen neuen Rhythmus finden. Am Ende ist doch alles sehr schnell gegangen mit der Adoption. Viel schneller als erwartet. Ein Wunder. Die nächsten Tage sind geprägt vom Windelnwechseln, durchwachten Nächten, Fläschchengeben und Spielplatzbesuchen mit Mattis im Tragetuch. Gerade der erste Spielplatzbesuch ist für mich ein besonderes

Erlebnis. Wie oft bin ich mit Emilia schon dort gewesen und habe nach den anderen Müttern geschaut, die mit ihren zwei Kindern – eins meist noch im Kinderwagen – ebenfalls auf dem Spielplatz waren. Jedes Mal hat es mir einen Stich ins Herz gegeben. Und ich hätte es kaum für möglich gehalten, dass auch ich noch einmal mit einem Kinderwagen diesen Platz besuchen würde – mit meiner Großen im Schlepptau. Das ist ein ganz besonderer Moment. Ich bin Gott von Herzen dankbar, dass er ihn mir – uns – geschenkt hat. Von Anfang an hat Gott einen Plan gehabt – diesen Plan. Er hat uns als Familie gesehen, er hat Mattis Emilio gesehen, und er wollte, dass wir zueinanderfinden. Er ist mit uns einen schwierigen Weg gegangen, der steinig und uneben war – und wie oft bin ich auf diesem Weg gefallen und nur mit seiner Hilfe, mit der Hilfe von Freunden und Familie wieder hochgekommen. Doch vielleicht war dieser Weg die einzige Möglichkeit, uns zueinanderzuführen. Ich weiß es nicht. Irgendwann werde ich ihn danach fragen – wenn die Zeit dafür gekommen ist. Jetzt nehme ich diesen Weg als das an, was er ist: ein besonderer Weg, den Gott mit uns geht, und der, trotz aller Schwierigkeiten, gesäumt ist von Geschenken. Gottesgeschenken.

Und ich bin dankbar dafür, dass Gott mich innerlich immer mehr geheilt hat – ganz langsam, Stück für Stück. Manchmal waren die Schritte fast unmerklich, doch sie waren da. Ich bin nicht in meiner Verbitterung stecken geblieben wie so viele andere, denen das Gleiche passiert ist. Das Internet ist voll von solchen Foreneinträgen. Doch allein hätte ich diesen Weg nicht schaffen können – das wird mir immer bewusster. Erst Gottes heilende Hand, sein Plan mit uns, seine

Sichtweise auf uns als Familie und letztlich auch sein Geschenk zweier wunderbarer Kinder hat mir Frieden gegeben. Natürlich gibt es immer noch die Momente, in denen ich traurig über das bin, was mir passiert ist, was uns als Paar passiert ist, und diese Momente werden wohl auch immer mal wiederkommen. Doch sie sind weniger geworden und der Blick auf meine Familie, auf dieses große Geschenk, lässt die Trauer in den Hintergrund rücken.

Björn

Ich werde nie vergessen, wie ich den Babysitz nach oben getragen habe. Vorsichtig, sanft – Mirja hatte in weiser Voraussicht ein kleines Geschenk für Emilia besorgt, die mit dem kleinen Baby jetzt auch einen großen Konkurrenten ins Haus bekommt. Trotzdem sind alle aus dem Häuschen. Als Mirja Mattis Emilio ins Tragetuch nimmt, will Emilia immer wieder diesen kleinen Kahlkopf streicheln. Unsere Tochter beginnt langsam zu tanzen und tanzt schließlich durch die ganze Wohnung. Mirja und ich halten uns an den Händen und langsam, ganz langsam beginnen wir zu begreifen: Er ist wirklich da, er gehört wirklich zu uns.

Ein Jahr danach

Björn

Es wäre schön, jetzt sagen zu können, dass Mattis Emilio von Anfang an ein „problemloses" Baby gewesen ist. Dem ist nicht ganz so. Auch ein Jahr nach seiner Ankunft hält er uns noch ganze Nächte lang wach. Zuerst hatte sich seine Speiseröhre durch das viele Spucken

– was ja bei vielen Babys normal ist – entzündet und er litt unter Schmerzen beim Trinken und Schlafen. Die Entzündung ging so weit, dass er mit drei Monaten plötzlich die Flasche verweigerte. Er schrie nicht vor Hunger, wirkte zufrieden, aber immer wenn wir ihm etwas zu trinken anboten, wehrte er sich mit Händen und Füßen gegen den Sauger.

Zu Weihnachten mussten wir dann mit ihm ins Krankenhaus, da hatte er schon zehn Stunden nichts mehr zu sich genommen. Er wurde gründlich untersucht, war kerngesund, nur war eben die Speiseröhre entzündet. Es hat einige Zeit gedauert, bis wir gemeinsam mit unserem Kinderarzt ein geeignetes Medikament gefunden hatten, das ihm geholfen hat. Und wie froh waren wir, als Mattis endlich Brei essen konnte und das Spucken sich etwas normalisierte.

Später dann machten ihm die Zähne sehr zu schaffen. Selten habe ich ein Kind erlebt, das solche Schmerzen beim Zähnekriegen hatte. Dann kam doch wieder das saure Aufstoßen hinzu. Der kleine Kerl musste sich manchmal ganz schön quälen und manches Mal standen wir hilflos daneben und wussten nicht mehr, wie wir ihm noch helfen könnten. Auch für Emilia war die ganze Situation oft nicht leicht, schließlich war sie genauso plötzlich große Schwester geworden, wie wir das zweite Mal Eltern. Schlagartig war da jemand, mit dem sie ihre Mama und ihren Papa teilen musste. Natürlich hatten wir versucht, sie auf eine Adoption vorzubereiten, hatten mit ihr geredet und ihr Bücher vorgelesen, doch wie sagt man einem zweijährigen Kind, dass vielleicht irgendwann ein Baby Teil der Familie werden könnte, wenn man sich selbst noch nicht einmal sicher ist, ob dieser Fall jemals eintreten wird.

Emilia hatte keine neun Monate Zeit, in denen sie miterleben durfte, wie Mirjas Bauch wächst und wir das Zimmer für das neue Baby herrichten. Sie konnte nicht mithelfen, kleine Bodys auszusuchen. Sie ist ins kalte Wasser geworfen worden – und hat ihre Sache als große Schwester gut gemacht. Auch für sie gab es schwierige Momente, Momente, wie sie jedes große Geschwisterkind erlebt, doch immer wieder durften wir beobachten, wie sehr sie ihren kleinen Mattis ins Herz geschlossen hat. Das gilt übrigens auch für Mattis Emilio – wenn seine Schwester den Raum betritt, geht für ihn die Sonne auf. Sie ist einfach sein Star. Was Emilia macht, möchte Mattis auch machen. Ganz der kleine Bruder, der der großen Schwester folgen möchte.

Er ist ein fitter kleiner Kerl. Mit großen Augen erkundet er seine Umgebung und hält uns ganz schön auf Trab. Klettert auf Tische, Hocker und Toiletten, um sich die Hände zu waschen. Möchte Stecker in Steckdosen stecken – so wie der Papa. Würde am liebsten auch schon vom Sofa springen – so wie die große Schwester. Hilft dem Opa dabei, den großen Ofen anzufeuern, und reicht ihm die schweren Holzklötze an – furchtbar stolz, dass er das schon ganz ohne Hilfe kann. Er liebt Bagger, Musik und Katzen. Wenn wir ihn mal wieder völlig außer Atem davon abgehalten haben, von irgendetwas herunterzufallen, dann rufe ich mir die ersten Adoptionsgespräche, die ersten Tage mit Mattis ins Gedächtnis. Er ist gesund. Er ist schnell und quirlig. Er hat keine Behinderung durch die Schwangerschaft davongetragen, von der wir einfach nicht wissen, wie sie verlaufen ist. Wir sind Gott dankbar. Und seiner leiblichen Mutter – denn sie hat gut auf ihn aufgepasst. Den Vers für seine Geburtskarte haben wir wieder sehr bewusst ausgewählt: *„Als ich noch im Mutterleib war, hat er meinen Namen genannt.“* (Jesaja 49,1)

Bei all diesen Gedanken wird mir bewusst, dass es mit vielen Dingen und Situationen, die Gott uns in unserem Leben gibt, so ist. Er beschenkt uns: mit einer Familie, mit Freunden, mit einer Arbeitsstelle. Doch all diese Geschenke sind auch Aufgaben, bedeuten Arbeit, vielleicht schlaflose Nächte und Sorgen. Und doch bedeuten sie in allem auch immer wieder Freude, Segen und Wachstum. Gott fordert uns heraus, mutet uns manches zu und lässt uns doch nie allein. Wir sind durch all das, was uns passiert ist, andere Menschen geworden. In diesem ganzen Prozess haben wir gelacht, gehofft, gebangt, geweint, gelitten, geschrien – und wieder gehofft und gelacht. Heute sind wir eine Familie mit zwei Wunderkindern. Jedes von ihnen ist auf eine ganz besondere Art und Weise zu uns gekommen. Jedes bringt seine Geschichte mit. Jedes ist eine Aufgabe, jedes ein Segen. Und wir sind Gott dankbar für diese zwei Geschenke, für die Herausforderung, dafür, dass wir unsere zwei Kinder auf ihrem Lebensweg begleiten dürfen. Wie gut, dass er diesen Weg mit uns als Familie zusammen geht. Die Wanderung ist noch längst nicht zu Ende.

Epilog

Mirja

Es ist Urlaubszeit und wir beschließen, dieses Jahr einfach zu meinen Eltern zu fahren. Sie haben ein großes Haus, einen großen Garten mit Schaukel und Sandkiste und jede Menge Zeit für uns und die Kinder. Emilia ist begeistert – Ferien bei Oma und Opa. Wir – die Eltern – sind auch begeistert, bedeutet es doch, dass wir etwas mehr Schlaf bekommen können. Nach einem ereignisreichen Nachmittag mit Spontanbesuchen von Emilias Großtante, Großonkel und Uropa – ein Kaffeetrinken mit vier Generationen am Tisch – beschließen Björn und ich, einen kleinen Ausflug zu machen. Einfach, um rauszukommen. Emilia hat dazu allerdings wenig Lust und bleibt lieber bei den Großeltern, die die tagsüber selbst gesammelten Pilze für das Abendessen putzen. Als wir wieder zurückkommen, sind Oma und Opa immer noch an der Arbeit und Emilia spielt mit ihrer Babypuppe. Sie spielt Adoption: „Das ist Mattis Wagner und den ‚aportiere' ich, damit er eine Familie hat. Zuerst kommt ein Anruf von der Frau vom Jugendamt und dann hole ich ihn aus dem Krankenhaus ab."

Sie kümmert sich rührend um ihr Baby, wickelt es, legt es in sein Bettchen, zieht ihm die Spieluhr auf und hält seine Hand, bis es eingeschlafen ist. Dann müssen alle ganz leise sein, damit der kleine Mattis nicht aufwacht. Für Emilia ist die Tatsache, dass Mattis adoptiert ist, etwas Normales geworden. Sie weiß, dass sie in meinem Bauch gewachsen ist und Mattis in dem Bauch seiner Bauchmama. Das ist in Ordnung so, er ist ihr kleiner Bruder.

Wir haben dieses Buch auch geschrieben, um anderen mit ähnlichen Nöten zu sagen: Ihr seid nicht allein. Sollte ein Leser oder eine Leserin den Wunsch haben, mit uns Kontakt aufzunehmen und sich über Erlebtes auszutauschen, freuen wir uns sehr. Am einfachsten via E-Mail: wunderkinder@bjoernwagner.net

Weitere Lesetipps

Tobias Faix
mit Aimée und Lilly
Das ist Erpressung!
Nein, Erziehung!
Vater-Tochter-Dialoge über den ganz normalen Wahnsinn des Familienalltags!
ISBN 978-3-86827-310-6
96 Seiten, gebunden, illustriert

Kinder sind das Tollste auf der Welt, findet Tobias Faix, selbst Vater zweier Töchter, und so hat er Erlebnisse aus seinem Familienalltag gesammelt und aufgeschrieben. Daraus sind die Vater-Tochter-Dialoge geworden. Darin geht er zusammen mit seinen Töchtern Aimée und Lilly ganz ungeschminkt und ehrlich den »wirklich wichtigen« Fragen des Lebens auf den Grund:

- »Wer ist eigentlich der Boss in unserer Familie?«
- »Wenn ich gleichzeitig rülpsen und pupsen kann, bin ich dann multitasking?«
- »Warum gibt es an Erntedank keine Bananen?«
- »Wer hat eigentlich Gott geschaffen?«

Thomas Weißenborn
Im Himmel gibt es keine Windeln
Ein Familienvater packt aus
ISBN 978-3-86122-807-6
128 Seiten, kartoniert

Der Test war positiv? Kein Grund zur Panik – sollte der Schwangerschaftsteststreifen blau anlaufen, müssen Sie es ihm nicht gleichtun! Es ist noch kein Papa vom Himmel gefallen, auch ein Cowboy wie Sie kann das lernen! Sollten „Beckenbodentraining" oder die korrekte Berechnung der Pippistoppintervalle noch böhmische Dörfer für Sie sein, dann folgen Sie dem Autor. Er hat dieses unbekannte Land schon viermal durchritten und weiß, wo es langgeht. Sie werden lachen, Sie werden staunen, vor allem aber werden Sie merken: Jeder kleine Stinkefußindianer ist ein glitzernder Nugget Gottes für Sie!

„Das Beste waren aber noch die Ultraschallbilder. Obwohl ausgedruckt und fröhlich im Verwandtenkreis herumgereicht, ist mir bis heute nicht klar, was darauf eigentlich zu sehen ist. Und wahrscheinlich auch keinem anderen. Aber so etwas gibt Mann ja nicht zu, schließlich ist ein Ultraschall ein technisches Gerät, mit dem Mann sich natürlich bestens auskennt. Beim Arzt blickt er also fasziniert auf einen Bildschirm voller grauer Streifen, die sich mit jeder Bewegung verändern. Ehrlich gesagt war ich mir nie sicher, ob es sich bei den für die Krankenkasse sicher nicht ganz billigen Fotos nicht doch um die Wetterkarte von gestern Abend gehandelt hat ..."

Gary Chapman
Schlafräuber und Wonneproppen
Wie Kinder eine Ehe verändern
ISBN 978-3-86827-081-5
80 Seiten, gebunden

Nichts verändert eine Ehe so sehr wie die Geburt des ersten Kindes. Heiß ersehnt sorgt der Nachwuchs für viel Wirbel.
Irgendwann stellt sich jedoch die Frage: „Und wo bleibe ich mit meinen Bedürfnissen?“ Unzufriedenheit mit der neuen Situation kommt auf.
Damit die Beziehung der Partner trotzdem lebendig bleibt und sich keiner hintangestellt fühlt, hat Chapman diesen Ratgeber für frischgebackene Eltern geschrieben. Er verrät, wie trotz Schlafentzug, Babygeschrei und kleinen Eifersüchteleien die Liebe zwischen den Partnern gedeiht.

Ross Campbell
Kinder sind wie ein Spiegel
Ein Handbuch für Eltern, die ihre Kinder richtig lieben wollen
ISBN 978-3-86827-238-3
144 Seiten, Paperback

Kinder reflektieren alles, was wir ihnen schenken. Und wenn wir ihnen viel Liebe schenken, entwickeln sie sich fröhlich und gesund. Allerdings reicht es nicht, Liebe nur zu predigen – sie muss konkret werden. Wie das funktionieren kann, zeigt Ihnen dieses „Praxisbuch Liebe“.

Illustrierte und überarbeitete Neuauflage des beliebten Erziehungsratgebers.

Gary Chapman
Gespräche der Liebe
für Familien
ISBN 978-3-86122-609-3
Spiralbindung

Grundlage für eine gesunde Familie ist das offene und vertiefende Gespräch. Der beste Einstieg dafür sind Fragen – bei den Mahlzeiten, am Abend, kurz vor dem Schlafengehen, während einer längeren Autofahrt, in den Ferien usw.
Gary Chapmans originelle Gedankenanstöße bringen den familiären Austausch mit buchstäblich spielerischer Leichtigkeit richtig in Schwung.

Noch mehr Gespräche
der Liebe für Paare
ISBN 978-3-86122-674-1
Spiralbindung

101 Themen, die das Ehegespräch wieder in Gang bringen – am Esstisch, nach Feierabend oder beim Sonntagsspaziergang.
Diese Art von Gesprächen haben einen doppelten Vorteil für Ehepaare: Nicht nur die dicken Telefonrechnungen aus den Tagen Ihrer ersten Liebe fallen weg, Sie werden neu lernen, den Partner zu „erkennen“, zu verstehen und von Herzen zu lieben.

Gary Chapman
Die fünf Sprachen der Liebe für Kinder
ISBN 978-3-86122-335-1
168 Seiten, Paperback

Ihre ganze Liebe gilt Ihren Kindern. Sind Sie sicher, dass sie bei ihnen auch ankommt ? Denn – was versteht Ihr Kind überhaupt unter Liebe ? Lernen Sie mit diesem Bestseller die Muttersprache der Liebe, die Ihr Kind spricht, und es wird die Geborgenheit erfahren, die es zu einem liebesfähigen Menschen heranwachsen lässt. Lernen Sie, es wirklich zu verstehen – weil ein gesundes Familienklima so wichtig ist !

Kommentare zu diesem Buch:

Sollten alle Eltern lesen!
Dieses Buch hat unser Familienleben deutlich verbessert. Ein einfaches Modell, das überzeugt und sich in jeder Familie anwenden lässt. Das Verständnis füreinander ist gewachsen. Das hilfreichste Erziehungsbuch, das ich gelesen habe!

Absolutes MUSS für zufriedene Kinder und Beziehungen. Geniale Ansichten, wie man liebende und geliebte Kinder aufziehen kann, und diese eventuell auch bessere Mitmenschen werden. Auch sehr gut für Beziehungen!

Ulrike Krallmann
Gottes Handschrift in meinem Leben
18 Frauen erzählen von ihrem Umgang mit Gaben, Aufgaben und Lebensplanung
ISBN 978-3-86827-149-2
208 Seiten, kartoniert

In diesem Buch hat die Lehrerin und Personalberaterin Ulrike Krallmann die Kurzbiografien von ganz unterschiedlichen Persönlichkeiten – Familienfrauen, Singles, Geschäftsfrauen, Missionarinnen – gesammelt. Frauen zwischen 28 und 82 erzählen lebensnah und praktisch, wie sie gelernt haben, in Gottes Berufung für ihr Leben hineinzuwachsen: Was macht mir Freude? Welche Gaben habe ich? Was ist dran in meiner jeweiligen Lebenssituation?
Die Sängerin und Mutter Asne Valland Nordli, die Studentin Sarah Woolmer, die Diakonisse Sr. Elisabeth Achenbach, die Musikerin und Anbetungsleiterin Marion Warrington und viele andere nehmen den Leser mit hinein in ihre persönliche Suche nach einem Auftrag für ihr Leben.
Das Buch eignet sich besonders für Frauen an den Wendepunkten des Lebens: Ausbildungs- oder Studienbeginn, Einstieg in den Beruf, Familiengründung, Neuorientierung in der Mitte des Lebens …

„Fassen Sie sich ein Herz und wagen Sie sich in unerprobtes Gebiet vor. Erlauben Sie sich selbst, mit Gott zu träumen.“ Ulrike Krallmann

Susanne Riderer
In Dir geborgen
Mein Krebs-Tagebuch
ISBN 978-3-86827-198-0
112 Seiten, kartoniert

2008 notiert Susanne Riderer in ihrem Tagebuch:

„Kein Zweifel, da ist etwas. Erstaunlich, wie eindeutig sich das anfühlt. Erstaunlich, wie ruhig ich bin. Unwillkürlich rechnet es in meinem Kopf: Wie lange ist das her, dass bei meiner Mutter Brustkrebs entdeckt wurde? 15 Jahre. Keine Panik, erst mal abwarten, beobachten."

Und einige Wochen später schreibt sie:

„Mitten im Leben, der Terminkalender randvoll. Wie und wo soll man da einen Arzttermin unterbringen? Schließlich siegt doch die Vernunft, denn tief in mir drin ist die Gewissheit: Es ist ernst! Sei jetzt nicht dumm, kümmere dich!"

Susanne Riderer kümmert sich und sieht sich mit der Diagnose Brustkrebs konfrontiert. Geahnt hatte sie es ja schon.

Ein zutiefst ehrliches und zugleich mutmachendes Tagebuch über eine schlimme Krankheit und einen großen Gott.